邮票图说
欧洲绘画

STAMPS
EUROPEAN
PAINTING

王泰来　郭　冬　编著

科学普及出版社
·北　京·

图书在版编目（CIP）数据

邮票图说欧洲绘画 / 王泰来，郭冬编著．-- 北京：科学普及出版社，2016.1

ISBN 978-7-110-09242-2

Ⅰ．①邮… Ⅱ．①王… ②郭… Ⅲ．①邮票－世界－图集②绘画史－欧洲－通俗读物 Ⅳ．① G894.1-64 ② J209.5-49

中国版本图书馆 CIP 数据核字 (2015) 第 231238 号

策划编辑 吕建华 许 英
责任编辑 许 英 包明明
责任校对 杨京华
责任印制 张建农
装帧设计 中文天地

出　　版 科学普及出版社
发　　行 中国科学技术出版社发行部
地　　址 北京市海淀区中关村南大街16号
邮　　编 100081
发行电话 010-62173865
传　　真 010-62179148
网　　址 http：//www.cspbooks.com.cn

开　　本 787mm×1092mm 1/16
字　　数 208千字
印　　张 13.75
印　　数 1–3000册
版　　次 2017年10月第1版
印　　次 2017年10月第1次印刷
印　　刷 北京凯鑫彩色印刷有限公司
书　　号 ISBN 978-7-110-09242-2 / J · 504
定　　价 78.00元

序言

美术以多种艺术形式创造美，当我还是幼童时，就深深地爱上了它。我羡慕那些背着画夹在大自然里奔跑写生的人，羡慕那些信手涂抹出粲然美景的人。我渴望一生一世作画家。

1956 年，我 14 岁。当时的《集邮》杂志刊登了数枚苏联绘画邮票，我一下喜欢上这些小画，于是贯穿一生的收集绘画邮票的爱好，就从这儿开了头儿。可惜，在那是个封闭的年代，我所能够集到的外国邮票，只能是来自中国集邮公司出售的苏联及东欧各国邮票，绘画票有限，邮电部也没有发行中国专题绘画邮票。还好，靠邮友帮助，我陆续收集到日本、法国、西班牙、新西兰等国绘画邮票。到 1966 年时，我的绘画邮票已经插满一本，蔚然可观了。

我没想到，在那个无法穷尽悲凉的年代，集邮遭禁，我被审查，满本绘画邮票被查抄。就在中国集邮落入深谷时，世界绘画邮票的发行正掀起全球性大潮，法国、苏联、东欧诸国及拉美、非洲一些国家已经以系列化形式发行绘画邮票。

我没能成为画家，可对美术我保持着矢志不渝的终生爱好。所以，当 1978 年中国集邮活动复苏的时候，我怀揣着一份深情，从零开始，重新收集绘画邮票。那是一个驻留时光和情感的天地，我荣辱皆忘，只在绘画邮票里一次次寻找我钟情的世界，从来没有失望过。一年年过去，我突然发现，那一枚枚散落的邮票，已经可以拼对成一道华丽的画廊；再后来，发现那画廊的规模，也已经接近一部美术简史。那些令人景仰的世界级绘画大师，那异彩纷呈的亮丽画面，都在我的集邮册里熠熠生辉。我突然想，为什么不请更多的人分享这道辉煌呢?

那时，我已经是个成熟的集邮者，也从事集邮书刊编辑工作多年了。

我参加了邮展，将那些美丽的邮票组成绘画专题邮集《绘画艺术的回顾与展望》，结果，获得1986年斯德哥尔摩世界邮展铜奖。后来，我有了新的愿望，想把自己用心血打造的这道画廊奉献给更多喜爱绘画的朋友。于是有了本书。

本书以美术史为线索，以 100 位杰出画家为板块，介绍了千百年来的欧洲绘画奇观。本书遵循人类绘画的演进过程，将原始洞窟绘画、古希腊绘画、中世纪绘画、文艺复兴绘画、巴洛克绘画、洛可可绘画、古典绘画、浪漫绘画、巴比松绘画、印象派绘画、俄罗斯巡回展览绘画、现代派绘画等，一路道来，力求使读者在感受作品审美震撼的同时，也顺便了解世界美术史发展的艰辛。

这是一部用近 1000 枚绘画邮票构建的欧洲美术的“图录历史”。与此前出版的同类著作不同的是，本书有图有史，图文并茂，将千枚邮票画面与散文化的优美文字连缀成欧洲美术线性历史的同时，展示了百名画家的风采。全书共分 8 章，每章开头设有序言，8 个序言合起来，可见美术史延伸的历程；每个艺术流派阐述前也置有小序，这些小序可以引领读者阅读该单元的要义；艺术流派或国别下是对百名画家的评述，这 100 个板块，应该是全书的主体部分，每一板块都包括画家简历、师承关系、创作类型、作品成就、画作分析、风格流派、影响、价值等，个个独立成篇。

全书以文配图，亦以图配文，并附以出具编号的相应邮票画面。从目录中可以看出，我们跨过章节以流水号编排画家，可以方便读者阅读与查找。就本书而言，读者可以通体阅读，以从历史文化角度获得整体印象；也可以在闲暇时随意翻看，跳页赏读。

本书内容基本覆盖了美术史上各种代表性流派，但因为以画家生卒时间为序，所以在表述流派顺序上，偶有画家穿插现象，就整体而言不影响阅读。

本书是通过绘画邮票反映绘画历史的集邮书籍，对入选者，除注意遴选那些成就卓著的著名画家外，还兼顾与其相关的邮票数量和内容。对那些知名度虽高，但纪念邮票很少甚至没有的画家，我们只能忍痛割爱。此外，大多世界美术史书刊侧重介绍西欧画家及作品，本书则特地撷选了13位东欧著名画派代表画家，与西欧画家同等笔墨评述，旨在为集邮者提供更多史料。

本书所用邮票以画家本国为其发行的邮票为首选，同时也着意挑选了20世纪50年代以前发行的邮票，尽管那时的绘画邮票不及当代邮票绚丽，但在市场上较为少见，相信读者会从它质朴的面貌读出其特殊的历史含义。

为使初级绘画专题集邮者增加知识与信息，本书特置后记，以介绍绘画邮票历史与绘画专题集邮知识。

还想说说作者。

本书是我与妻子郭冬的“第三次握手”。这是继我们合著的《远去的大清帝国——解读清代手绘明信片》（中国大百科全书出版社2009年版，获2010年全国邮展文献类银奖）、《见证1900—1911——解读晚清明信片》（中国大百科全书出版社2012年版）后，又一部叙述历史的图文著作。在撰写过程中，郭冬始终保持了她来自高校科研的严谨作风，一丝不苟地查阅大量文献资料，力求精准，力求创新，这对我们最后观点的确立，对全书的统筹安排起到了重要作用。她认为，历史在于阐释，包括阐释形式，应以散文化的美文形式解读历史，解读百名画家。关于这一点，我想以集邮家、中华集邮联副会长李近朱对《远去的大清帝国——解读清代手绘明信片》的一段评述来说明我们一贯的追求：

> 这部书传递出关于历史的、邮识的、绘画的丰富信息。而负载这些信息的文字本身，则以诗化的文辞给人以特殊的美感。阅读本书犹如阅读一本优美的散文集。作家郭冬的精彩文笔令这部邮书粲然生辉。这又给了我们一个启示，即集邮文字亦应讲究“美文”效应，平淡乏彩的邮文是不完美的。应以本书为例力倡邮文读来要有赏邮观画一样的美感享受。
>
> ——《落日帝国的多元写真》《集邮》2010年第6期

本书在撰写过程中，承蒙北京集邮家朱祖威、德国近 90 岁高龄的集邮家汉斯·齐默曼 (Hans Zimmenrmann) 帮助找寻多枚珍罕票，承蒙外文翻译张爱华、李亚静付出的辛苦，在此深表谢忱！

欢迎各位读者对本书中的疏漏提出批评。

王泰来

2012 年 12 月，于北京

REPUBLIQUE DU TCHAD
POSTES
MISSION BAILLOUD DANS L'ENNEDI
2F

ΕΛΛΑΣ
ΔΡΑΧ. 6

50
MONGOLIA

ПОЧТА СССР

目录

一

原始时代洞窟绘画

人类最早的造型艺术活动，产生于旧石器时代晚期。原始人在其居住的洞窟里，把牛儿鸟儿，把手形图形，统统刻画在粗糙的石壁上。这里有收获之喜，有崇拜之情，更有原始人对抗自然的沉重。那时的壁画，可以见证我们的老祖宗已经具有强烈的审美追求。如：古巴 1967 年发行的“人类的起源”邮票，表现了克罗马农人绘制壁画的情景（图 1–1）。美术史称之为“洞窟壁画”。洞窟壁画至今有 20000—15000 年历史。洞窟壁画所展示的内容主要包括人和野兽、手形、图形等。

图 1–1

1870 年，近代人终于发现了洞窟壁画。在世界各大洲纷纷发现的壁画中，最早也是最著名的，当数西班牙阿尔塔米拉洞窟壁画——《受伤的野牛》（图 1–2，西班牙 1967）。这幅画体现了作画人的智慧与高超技艺，以烧驯鹿油脂灯中得到的油烟勾画野牛，又用朱红色矿物质粉末着彩，使其灵动如生。

洞窟壁画所展示的内容遥远悠久，为我们提供了居住于洞窟的旧石器人的生活模式与场景。主要有：

人和野兽　所谓人，自然是原始人；兽，则是狩猎的对象。画作展现了原始人自由奔放的性格，记录了

图 1–2

图 1-3

图 1-4

图 1-5

图 1-6

图 1-7

图 1-8

人在生存斗争中的自身形象，如《两个人形》（图 1-3，波利尼西亚 1987）、《三个弓箭手》（图 1-4，乍得 1968）、《五个弓箭手》（图 1-5，西班牙 1967）；画作还展现了兽类的不同形象与生存状态，大概作画人本意是为了传授识别野兽的知识，因此动物形象特征被刻画得很鲜明，如《鹿》（图 1-6，巴西 1985）、《逃奔的鸵鸟》（图 1-7，阿尔及利亚 1966）；画作还展现了男人们狩猎的情景，可怜的野兽，被强悍的人类追踪、捕获、猎杀，如法国拉斯科洞窟壁画《野牛》（图 1-8，法国 1968）中，一头逃奔的牛和两头倒下的牛，在被空中的棍棒、石块一类的东西乱砸乱打，未出场的猎手为观者提供了想象空间，《猎野猪》（图 1-9，西班牙 1967）则将原始人和兽类画在一起，构成了一幅原始人生存斗争的场景。尽管这些画中的形象还嫌单调，可已经很具象了。

图 1-9

手形 在洞窟壁画中，手形较多见。人们作画的手段自由多样，大多是将手贴在石壁上成为印模，然后再喷色或刷色，如以此法绘制的《手》(图 1-10，西班牙 1967)；还有的将手形直接画在墙壁上；或是用手蘸色再按在墙壁上。

图 1-10

图形 对图形的认识，自古至今都存在种种见解。有人认为它是表现巫术力量的符号，有人认为它是某种图腾，还有学者认为它表示狩猎的陷阱、武器、路标或是生殖仪式的标识。古巴 1970 年发行的原始洞窟绘画邮票选用派斯岛洞窟壁画（图 1-11）和阿姆波罗斯洞窟壁画（图 1-12）为图，其图形抽象，很难诠释。

上述旧石器时代洞窟绘画的创造者，是克罗马农人，他们已进入晚期智人阶段。克罗马农人生活在法国南部和西班牙北部洞窟中，以狩猎为生，他们作壁画使用的颜料是矿物质，并在其中调以兽血或油脂，用草或动物毛皮作笔绘制。有学者认为，洞窟壁画是巫师或专人所作。

图 1-11

图 1-12

二

古希腊和埃特鲁里亚绘画

古希腊城邦的经济营养，催生了艺术的奇葩。哲学、文学、建筑、雕塑……拔地而起。学者认为，事实上，古希腊绘画历史远比上述艺术品种发现得更早，可惜，保留下来的绘画作品极少，且难以确定。但希腊邮政当局发行的古希腊绘画邮票，佐证了古希腊壁画、瓶画遗存的史实。

如今，在意大利中部的埃特鲁里亚，公元前 4 世纪的壁画为我们娓娓讲述着当年发生的故事。

壁画 壁画，是绘在建筑物的墙壁或拱顶上的图画。邮票上呈现的古希腊壁画，再现了那个典雅的盛世，有克里特青铜时代（公元前3000—前1100年）特拉斯教堂的石棺壁画《侍女》（图 2–1，希腊 1961）、克诺索斯的湿壁画《耍牛杂技》（图 2–2，希腊 1937）和《舞蹈者》（图 2–3，希腊 1961），以及梯林斯的壁画《宫女》（图 2–4，希腊 1937）。在这珍罕的 4 幅壁画中，表现了奴隶主奢华生活的片断，其少女造型比例

图 2–1

图 2–2

图 2–3

图 2-4

准确，服饰华丽，有的形象甚至接近近代绘画特征，画面也富于装饰性，可见当时的古希腊绘画，已是壮观辉煌了。

还有另一个民族的壁画，也风流天下，这就是埃特鲁里亚壁画。公元前 12 世纪至前 3 世纪，埃特鲁斯坎民族生活在意大利中部埃特鲁里亚地区。到公元前 8 世纪时，聪颖的埃特鲁斯坎人向希腊移民学习，吸收了古希腊绘画、建筑、雕塑方面的成就，创造了本民族的文化艺术，其中，埃特鲁里亚壁画尤为著名。埃特鲁斯坎人遗留下来的绘画从墓室壁画中可见一斑。邮票《演奏的乐师》《男女共舞》（图 2-5、2-6，圣马力诺 1975）再现了壁画局部，约作于公元前 460 年。《男女共舞》即使取自壁画局部，也可见埃特鲁斯坎人的丰富想象力与高超技法。画师勾勒的舞男舞女动作精准、鸟儿狗儿形象可爱，色彩古朴清新；另一幅《战车比赛》（图 2-7，圣马力诺 1975），则富于动感，画面上跃动的车夫、奔跑的马儿、随行的小狗，以及静止的树木，都为我们述说着美丽的故事，至于故事内容，可尽由人们去展开联想的翅膀。

图 2-5

图 2-6

图 2-7

瓶画　瓶画，是古希腊绘制在陶瓶、陶盆、陶壶等容器上图画的总称。公元前 800 年，古希腊已独具匠心地绘制出瓶画几何形图案，到公元前 600 年时，瓶画上就有人物等形象了。瓶画把工艺、装饰美术和绘画融为一体，瓶画向难见古希腊绘画作品的后人提供了无尽的想象空间。古希腊瓶画按风格可分黑绘陶和红绘陶两种。

黑绘陶，是在红底子上绘以黑色图案的瓶画，盛行于公元前 600 年。如

图 2-8

图 2-9

图 2-10

图 2-11

双耳罐上的《珀留斯和阿塔兰忒角力》和陶盆上的《赛跑者及裁判员》(图 2-8、2-9，希腊 1964)、《驱赶食人鸟》(图 2-10，希腊 1970)、《雅典娜的诞生》(图 2-11，希腊 1974)均为黑绘陶风格。

红绘陶，是在黑底子上绘以红色图案的瓶画，它出现稍晚，在公元前 6 世纪末期流行。如单耳杯上的《持物跳远》和《掷铁饼者与裁判员》(图 2-12、2-13，希腊 1964)以及《宙斯、赫拉与彩虹女神》和《月亮神阿波罗和其母勒托》(图 2-14、2-15，希腊 1974)等。

瓶画题材大多采自现实生活，如以力为美的各种体育比赛项目；民风民俗；悠远动人的神话故事和传说等。我们不难看出，上述瓶画已经成为古希腊人严格修剪的艺术品，其优美多姿的人物造型，简练流畅的线条，典雅古朴的色彩配搭，都展示了古希腊瓶画艺术技法的魅力，特别需要指出的是，此时已有瓶画画师隐隐萌生了“著作权意识”，在器皿上签署了自己的姓名。

图 2-12

图 2-13

图 2-14

图 2-15

三

欧洲中世纪绘画

欧洲中世纪绘画，涵盖了公元 5 —14 世纪中期的拜占廷绘画、撒克逊皇帝统治时期的德国奥托王朝绘画、北欧爱尔兰—撒克逊绘画、8—10 世纪法兰克国王统治时期的绘画。

中世纪禁闭森严的铁幕轰然落下，画家们在基督教教会面前失重和失语，只好离弃民风民俗，不情愿地去讲述宗教故事。中世纪绘画展现了整部历史的深重苦难。

那是个悠长的黑暗年代，欧洲的思维进入了千百年来从未有过的混乱。在基督教教会的严密监视下，文学、艺术、哲学，失去了自我，所有人被迫按照《圣经》教义行事，违背者将受到宗教法庭制裁，甚至被处以极刑。

中世纪绘画只能转弯，一改古希腊、古罗马传统风格，离弃民风民俗，去讲述那些虚无缥缈的宗教故事。画师如同囚犯，工作时受教会监控，依照牧师指点而画。结果，大量画作的构图和造型流于程式，成为宗教信仰的符号。如波兰法拉斯 8 世纪壁画《天使》（图 3-1，波兰 1971）、南斯拉夫奥赫利得圣克莱门教堂 13 世纪壁画《耶稣遇难》（图 3-2 南斯拉夫 1968），所展示的内容均为宗教信仰内容，缺少生活

图 3-1

图 3-2

气息，技法单调呆板。

在表现手法上，中世纪绘画缺少透视关系，往往改变空间真实序列，其造型夸张，甚至变形。我们从西班牙阿维亚圣玛利亚教堂 12 世纪祭坛画《圣诞》（图 3–3，西班牙 1971）、法国市圣萨凡修道院 13 世纪壁画《圣沙文和西普利安拜见拉狄修斯》（图 3–4，法国 1969）、德国莱茵河修道院 13 世纪壁画《基督出世》（图 3–5，贝宁 1971）中，不难看出，那时绘画失去远近的透视规则，成为欠缺立体感的平面。

图 3–3

图 3–4

图 3–5

在人物表情的处理上，中世纪绘画遵循神学模式的结果是，人物神情冷漠，形象沉郁，表现力贫乏。如法国威森堡博物馆藏《基督头像》（图 3–6，法国 1990）、奥地利兰巴赫教堂 11 世纪壁画《基督像》（图 3–7，奥地利 1967）、塞浦路斯阿雷卡斯教堂 12 世纪壁画《圣母与圣婴》（图 3–8，塞浦路斯 1979），都给人以僵化冷滞、死气沉沉的印象。美术史家普遍对欧洲中世纪绘画持否定态度，称中世纪绘画在美术史上是“黑暗的 1000 年”。

中世纪绘画形象之所以呆板沉郁缺乏生气，除了遵循教会的意志外，还有一个原因，作

图 3–6

图 3–7

图 3–8

画者未必是画家，他们中，有些人不过是建筑教堂的工匠。这些原本是干着木工瓦工等粗活的把式，不懂创作，他们拿了黑色勾勒轮廓，平涂着色，因循守旧，日复一日地重复着画过的东西。但公平而论，一些工匠逐渐掌握技巧后，熟能生巧，竟也勾画得像模像样了。如中世纪后期南斯拉夫卡斯图拉 14 世纪壁画《圣女巴巴拉》（图 3-9，南斯拉夫 1989）的形象刻画，显然比前期手笔强得多。

图 3-9

图 3-10

20 世纪以来，史学家运用不同的方法，力求对中世纪绘画进行深入研究，肯定了中世纪一些优秀绘画的美学特征和在欧洲绘画发展史中的地位，肯定了中世纪杰出画家的成就，著名的俄罗斯画家鲁勃廖夫（1360—1430）（图 3-10，苏联 1960）就是其中的佼佼者，他的画作《三圣像》（图 3-11，苏联 1991）堪称中世纪绘画中最完美的作品，以此创造了中世纪绘画可能达到的峰巅。

图 3-11

四 文艺复兴时期绘画

文艺复兴发端于14世纪的意大利，没有清楚的开始，也没有明确的结束。在绘画史上，通常指欧洲从中世纪的宗教绘画，演进到14—16世纪新兴资产阶级文艺思潮影响下涌现出高度繁荣的绘画，美术史家将这一时期的绘画，通称文艺复兴绘画。

文艺复兴绘画体现了反宗教的人文主义、现实主义思想。当时的先行画家开始研究与绘画相关的学科，利用解剖学确定了人体的正确比例和结构；在透视法中，解决了远近光线变化问题。他们从古希腊、古罗马艺术中汲取营养，又超越了古希腊、古罗马绘画。意大利文艺复兴时代最重要的两个美术流派是

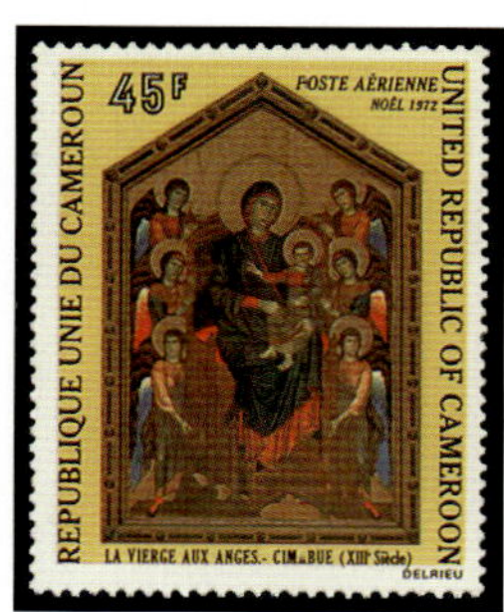

图4-1 意大利文艺复兴绘画早期画家契马布埃（1240—1302）《圣母与天使》

图4-2 意大利锡耶纳画派早期画家洛伦泽蒂（1305—1348）《好人政府·和平》

图4-3 尼德兰文艺复兴画家博斯（1450—1516）《圣安东尼的诱惑》

图4-4 德国文艺复兴初期画家格吕内瓦尔德（1450—1528）《天使演奏》

佛罗伦萨画派与威尼斯画派。

佛罗伦萨画派形成于13世纪末，倡导现实主义与人文主义相结合，注重空间深远关系，善用线条表现人物造型，16世纪初期以后渐渐衰败。

威尼斯画派自15世纪后期兴起，16世纪繁荣，以发展尼德兰油画技法取胜，对欧洲17—18世纪绘画影响深远。

意大利搅动了欧洲的天空，文艺复兴的飓风迅速席卷尼德兰、德国、西班牙、法国以至整个欧洲。

在绘画专题邮票中，文艺复兴题材占据相当大比重，几乎涵盖欧洲文艺复兴时期所有画家的代表作品。不夸张地说，这些邮票足以构成一道色彩斑斓的文艺复兴风景线（图 4-1 ～图 4-7）。

图 4-5　西班牙文艺复兴初期画家胡安内斯（约 1523—1579）《最后的晚餐》

图 4-6　法国文艺复兴时期绘画，枫丹白露画派《狩猎的狄安娜》

图 4-7　英国文艺复兴时期盛行的肖像画《英王亨利七世》作者佚名

1. 意大利文艺复兴绘画

意大利文艺复兴时期，壁画出现了史无前例的繁荣，架上绘画也应运而生。油画颜料的引进，使绘画在色彩、层次感的表现上更为丰富。此间肖像画复兴了侧面的形制。意大利文艺复兴时期的一流画师，以其博大、深邃、多彩名扬古今，如佛罗伦萨画派的乔托、波提切利、达·芬奇、米开朗琪罗、拉斐尔；威尼斯画派的提香、乔尔乔内等。

（1）意大利文艺复兴绘画先驱乔托

乔托（1267—1337），生于佛罗伦萨农民家庭。幼年牧羊时常在石头上画山羊，后师从契马布埃，学成后为教堂制作壁画。乔托是西方绘画摆脱中世纪绘画程式的第一人，意大利文艺复兴的伟大先驱者之一。

乔托在写实和构图上，表现了13世纪后期意大利绘画的最高水平。以壁画《创立马槽》为例，图4-8取壁画全图（摩纳哥1973）；图4-9取壁画局部（圣卢西亚1977），画面可见圣母躬身望着刚刚出世的基督，充满了温柔的母爱，乔托在平面构图上表现了立体空间的深度。

乔托36岁创作的阿雷纳教堂耶稣故事壁画，最能反映其杰出的艺术成就。画面采取平视角度，人物排列有序，加强了空间深远关系和人物主体形象的表现，展示了富有生活气息的现实。《哀悼基督》（图4-10，喀麦隆1982）中的主人公随着空间的变化依次缩小，表现了人们之间的透视关系；《哀悼基督》（图4-11，圣马力诺1975），让人欣赏到人物的细部刻画；两幅《逃往埃及》（图4-12，喀麦隆1981）、（图4-13，圣马力诺1975），均是阿雷纳教堂壁画的局部，可推见全图的宏伟气势；两幅《金门相见》（图4-14，意大利2003）、（图4-15，和柬埔寨1985），前者取自壁画的前半部，后者取自壁画的后半部，两个国家不同时期的2枚邮票拼成了一幅画的完整画面，这种有趣的“巧合”，在绘画邮票中很少见，这幅完整的壁画展示了乔托借经典题材写实的绝

图4-8

图4-9

图4-10

图4-11

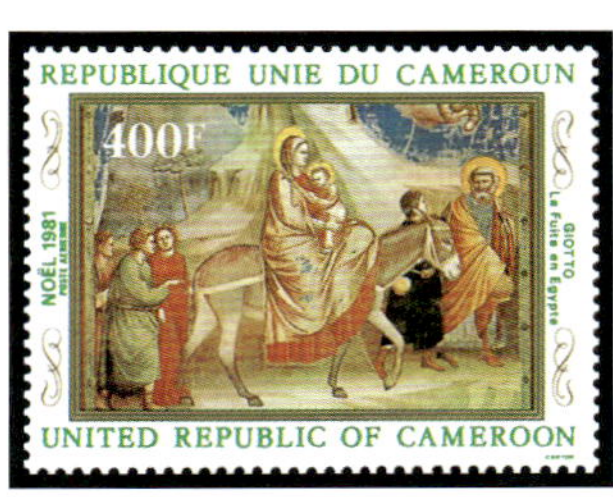

图 4-12

图 4-13

图 4-14

图 4-15

妙构思。

乔托开创了直接观察自然写实的画风。他于约 1310 年完成的代表作《圣母、圣徒和天使》(图 4-16，意大利 1966）中，其圣母形象，已经脱离中世纪绘画里冷漠的“神”形象而走下神坛，被描绘成充满人间仁慈、温情的世俗女人，传达了人文主义精神。此画制作于木板上，画幅较大，邮票取局部，但我们还是看见了乔托描绘的那个真实社会。

图 4-16

图 4-17

《乔托像》(图 4-17，意大利 1937)，表现了后人对他艺术创作成就的崇敬与怀念。

（2）翁布利亚画派画家法布里亚诺

法布里亚诺（1370 —1427），生于意大利北部安科纳省。幼时显示绘画天赋，即随当地无名画家学画。早期作品具有哥特式艺术风格，成为意大利中部翁布利亚画派的知名画家。后来发展为意大利国际哥特式壁画集大成者，与马萨乔同一时期活跃于佛罗伦萨。主持建设多个意大利风格艺术大厅。作品有威尼斯多奇宫壁画，罗马圣拉兰特教堂壁画等。

法布里亚诺 1423 年所作蛋彩祭坛画《三王来拜》，现藏佛罗伦萨乌菲齐

图 4-18

美术馆，被公认为国际哥特式风格绘画的杰作之一。该画绘于木板上，画幅约 300 厘米 ×282 厘米，所用颜料为鸡蛋清加水胶颜料调和而成。

《三王来拜》（图 4-18，意大利 1970），描绘耶稣降生后东方三位国王（《圣经》译为博士）前来朝拜的场面。这个题材在不同的画家中有千差万别的构图。法布里亚诺在画中尝试透视的空间处理，画面呈现近景和远景。图 4-19（巴拉圭 1971）选取作品的局部为图。“法布里亚诺绘画”邮票的《侍从》《盛装的国王》头像（图 4-20、图 4-21、图 4-22，圣马力诺 1973）让人欣赏到人物特写的细部。画中的人物刻画细致，而且使用了金色，显得金碧辉煌。上述 3 个国家不同时间发行同一题材的 6 枚邮票，设计者以不同的手法，把这幅名画从全景到局部展示给集邮者，提升了邮票的知识性和鉴赏性。

图 4-19

图 4-20

图 4-21

图 4-22

（3）“天使”画家安吉利科

安吉利科（1387—1455），原名圭多·迪彼得罗，生于意大利佛罗伦萨。自幼喜爱习画，成人后为教堂作画。约 33 岁入多明我会修道院。安吉利科（意为“天使”），是后人对他的尊称。

安吉利科入修道院前后，都以画著名。其作品均为宗教题材，在技法上采用了光线明暗的透视手法。在他 53 岁时，完成了佛罗伦萨圣马可修道院墙

图 4-23

图 4-24

图 4-25

图 4-26

壁上系列壁画。《圣母与子和十二天使》(图 4-23，乌干达 1989)中，可见安吉利科对近大远小透视法的娴熟运用。壁画《基督降生》(图 4-24，摩纳哥 1973)是其代表作。

安吉利科画的圣母、耶稣、天使、圣徒很平板，却显得安详宁静，被认为是文艺复兴时期自由主义的一种表现。如《多明我像》和《听道的女圣徒》(图 4-25、图 4-26，梵蒂冈 1970、2003)两幅作品所反映的。

(4)修士画家弗·利比

意大利文艺复兴时期有两个叫利比的画家，一个名为弗拉·菲利普·利比，另一位叫菲利皮诺·利比(1457—1504)，他们是父子俩。父亲弗·利比(《自画像》，图 4-27，意大利 1957)知名度很高，目前邮票上见到的多为弗·利比作品。

图 4-27

弗·利比（1406—1469），生于意大利佛罗伦萨。自幼成为孤儿，寄养于佛罗伦萨圣衣会修道院，15岁作修士。弗·利比在修道院内马萨乔壁画影响下长大，渐成一派。15世纪50年代被聘赴普拉托一修道院绘画，在那里遇到修女卢克列奇娅，他不顾教藉约束，与之恋爱，有了儿子，后教皇令其还俗。自身经历使弗·利比富于人文思想，热爱自然，他所描绘的人、物形象均具有浓郁的抒情色彩。

《基督降生》（图4-28，马里1975）展示了画家想象中的基督降生情景，充满温馨；两幅邮票上的《圣母与子》（图4-29，卢旺达1973）、（图4-30，布隆迪），用色明丽，洒满爱意。读者可以看到，两个秀美的玛利亚非常相像，这正是以卢克列奇娅为模特儿所作的画，据说布隆迪邮票上的圣母与子就是其妻卢克列奇娅与儿子菲利皮诺·利比。这显示了弗·利比将现实生活导入宗教绘画的努力。

作为文艺复兴初期阶段的创作，弗·利比作品也有局限，《圣母领报》（图4-31，喀麦隆1979）背景添加了古罗马的梁柱装饰、雕板华柱、室外花园，略显凌乱；《圣诞》（图4-32，中非1972）背景琐碎复杂，缺少更多的审美价值。这与弗·利比长期生活在教会里的经历与精神桎梏是分不开的。

图4-28

图4-29

图4-30

图4-31

图4-32

（5）最早运用油画技法者梅西纳

梅西纳（1430—1479），生于意大利西西里。自幼在那不勒斯学艺，学得尼德兰画家的油画颜料绘画技法，还曾往尼德兰，学习凡·爱克兄弟的油画技法。45岁到威尼斯后传授油画颜料使用方法。

梅西纳画风贴近现实，所绘物像形状皆称精到。他的肖像画成就最大，善于将表现对象的眼神绘成注视观众的神态。《读圣经》（图4-33，意大利1979）中的少妇，面对圣经，眼神和善，呈现一种纯洁、虔诚之态；《青年男子像》（图4-34，意大利1953）中的主人公，让人感到就是邻里大哥那般亲近自然，这种将生活情境导入肖像画的手法，使无数后来者受到启迪。

图4-33

图4-34

梅西纳绘画笔法柔和，善用光色，情调宁静。《读书的圣·耶罗莫》（图4-35，卢旺达1973），作品将室内物件和光线的关系处理得恰到好处。

图4-35

（6）威尼斯画派先驱乔凡尼·贝利尼

意大利的威尼斯画家中，最早最具威尼斯特色的是贝利尼家族。这个家族有雅各布·贝利尼，其长子贞提尔·贝利尼与次子乔凡尼·贝利尼。父子三人在绘画上都有造诣，其中小儿子乔凡尼·贝利尼（图4-36，意大利1974）最为著名。

图4-36

乔凡尼·贝利尼（1430—1516），生于意大利威尼斯。初到帕都亚学画，受教于其姐夫曼坦那，后从梅西纳学习油画技法，遂成一家。53岁被任命为威尼斯市官方画师，同时成立威尼斯最大的艺术作坊，为创立可与佛罗伦萨画派比

图 4-37

肩的威尼斯画派，做出了卓越贡献。

乔凡尼·贝利尼擅长运用色彩，也善于烘托气氛，浓淡光暗处理别具一格。他用油画颜料绘了多幅感情平和、色彩柔美的圣母画作，代表作《有小树的圣母像》（图 4-37，多哥 1972）、《圣母与子》（图 4-38，乍得 1972），都以高超技巧展示了人文主义美相的圣母形象；哥斯达黎加 1963 年发行的邮政税票选用了他的另一幅《圣母与子》（图 4-39），也可见他对色彩与光处理的微妙。就邮政而言，邮政税票本身很少，邮政税票中采用名画作图的只有哥斯达黎加。

图 4-38

图 4-39

除了画圣母外，乔凡尼·贝利尼刻画的其他人物也很出彩，如《神殿》（图 4-40，蒙古 1972）、《基督的祝福》（图 4-41，布基纳法索 1967），尤其是代表作《裸女照镜》（图 4-42，巴拉圭 1972），其色彩明快抒情，氛围温馨，给人以清新的充满生命力的感觉。

乔凡尼·贝利尼作为威尼斯画派的先驱，为后来两位大弟子乔尔乔内和提香的艺术发展，尤其是色彩运用的技法，奠定了基础。

图 4-40

图 4-41

图 4-42

（7）帕都亚画派画家曼坦那

曼坦那（1431—1506），生于意大利帕都亚。雅各布·贝利尼之婿，曾任乔凡尼·贝利尼绘画教师。17 岁独担教堂绘画工程职责，敢于创新。曼坦那在透视和明暗表现技法上的贡献，对意大利北部绘画，甚至对 16 世纪绘画和巴洛克美术都有深远影响。

严格地说，曼坦那不属佛罗伦萨画派，尽管曼坦那所在的帕都亚属于佛罗伦萨地区，有人将其勉强归入佛罗伦萨画派。14—15 世纪的意大利各城邦都有自己的地方人文特色和民情传统，这铸就了早期文艺复兴形成的多个地方画派，除佛罗伦萨画派外，还有帕都亚、翁布利亚、米兰和威尼斯画派等。曼坦那就是文艺复兴初期涌现的帕都亚画派大师（图 4-43，意大利 1974 年发行）。

图 4-43

曼坦那潜心研究透视学，常常选取独特的视点描绘对象，他最先把仰视透视法应用在绘画上。作品《圣乔治》（图 4-44，蒙古 1972），即以仰视角度表现圣乔治的高大；《圣家族》（图 4-45，民主德国 1955）也选用了低视点进行构图。

壁画《三王来拜》（图 4-46，马尔加什 1972），可见曼坦那对透视学的自如运用，他着力描绘人体平面缩短透视形态，精确表现人物的平面透视关系，其构图宏伟，众多人物排列有序，层次富于立体感；就连曼坦那的肖像画《意大利诗人潘诺纽斯》（图 4-47，匈牙利 1972），也可见曼坦那式风格。

图 4-44

图 4-45

图 4-46

图 4-47

（8）佛罗伦萨早期画家波提切利

波提切利（1445 —1510），生于意大利佛罗伦萨。幼年丧父，15 岁赴利比画室学画，后转从委罗基奥门下，与比他小 7 岁的达·芬奇同窗共学。25 岁开设个人绘画工作室。

图 4-48

图 4-49

波提切利的《自画像》（图 4 -48，意大利 1973），取自其名作《三王来拜》（图 4-49，尼日尔 1983）。画中圣母和耶稣位于中央，国王和侍从环立两侧。细看画面可发现，波提切利以天才的构思，把自己绘在画面最左侧，成为众人中的一员。

波提切利博采众长，精于写实，构图新颖，创作了一批古典神话作品。最著名的是《春》和《维纳斯的诞生》。壁画《春》（图 4-50，法国 2010），创造了古希腊众神在橘树林中的活动。有众神使者麦鸠利、三女神、爱神维纳斯、丘比特、花神、春之女神、阴

图 4-50

暗的西风之神等。《春》充满了佛罗伦萨上流社会的豪华氛围和情调，画面优美，被多国邮票采用。最早是美国 1940 年纪念“泛美联盟 50 周年”邮票，以美惠三女神为图（图 4-51）。其实邮票的主题和《春》这幅名画毫无关系，设计者大概以三女神手挽手的表象有“联盟”之意而取之。

图 4-51

《维纳斯的诞生》（图 4-52，巴拉圭 1985），取自西西里岛的传说，描绘女神维纳斯从珍珠贝壳中诞生的情景。裸体的维纳斯姿态绰约，这种设计，展示了波提切利在人体结构与透视画法上都达到了极高水准。

波提切利的名作《诽谤》（图 4-53，巴拉圭 1973），也显示了他的构思才华，这幅根据古希腊诗歌题材创作的作品，右边是披黑袍阴险的家伙“诽谤”；左边是象征真理的裸体女子，两厢比较，形成鲜明的对比格局。

波提切利的多幅《圣母与子》的宗教画被邮票采用，较早的《圣母与子》（图 4-54，列支敦士登 1952）现已少见。波提切利另一幅《圣母与子》（图 4-55，多哥 1972）和（图 4-56，尼日尔 1983），两图一正一反，正图是多哥邮票。反图邮票

图 4-52

图 4-53

图 4-54

图 4-55

图 4-56

的出现一般认为是制版的误差，但也有人认为是故意反置，以此避免版权纠纷，所以绘画邮票中反图邮票较为常见。

（9）文艺复兴三杰之一达·芬奇

达·芬奇（1452—1519），生于意大利佛罗伦萨芬奇镇律师家庭。15 岁入画家委罗基奥作坊学艺，20 岁入画家行会并成为委罗基奥助手，最终成就超越老师。他的思想深邃，学识渊博，在绘画等多学科均有创见和发明。后人将达·芬奇、米开朗琪罗与拉斐尔并称为“文艺复兴三杰”。

1482 年达·芬奇从佛罗伦萨前往米兰，此间作品《岩间圣母》和《最后的晚餐》，标志着盛期创作的开始。《岩间圣母》（图 4–57，贝宁 1969）中的圣母，右手抚在小耶稣肩上，小约翰后面坐着美丽的天使，这 4 人组成了三角形构图。《施洗的小约翰》（图 4–58，阿根廷 1956 年发行）是该画中的特写。至于岩窟环境的岩石、花草描绘逼真，表现出达·芬奇地质学和植物学的渊博知识。1508 年达·芬奇又复制了一幅《岩间圣母》（图 4–59，圭亚那 1987），仔细对比会发现与原作（图 4–57）的不同之处。

达·芬奇的《最后的晚餐》，表现基督被捕前和门徒最后会餐诀别场面。达·芬奇在构图上匠心独到，以人物手势动作将 12 个门徒连成 4 组，为完成这幅作品耗时两年多。《最后的晚餐》被多国邮票选用，利比里亚邮票（图 4–60，1969）是其中的 1 枚。

图 4–57

图 4–58

图 4–59

1499 年达·芬奇离开米兰回佛罗伦萨，1503 年起，达·芬奇耗时 4 年创作《蒙娜丽莎》肖像。蒙娜丽莎是佛罗伦萨商人之妻，时年

24 岁。蒙娜丽莎时髦的发式，丰满的身体，美丽的面容，佩戴的珠宝，都体现着达·芬奇人物塑造技法的极致与对人文主义理想认识的最高境界。

图 4-60

为纪念达·芬奇诞生 500 周年，1952 年，联邦德国将《蒙娜丽莎》置入邮票画面（图 4-61）。这是世界第一枚《蒙娜丽莎》邮票。此票票幅小，只取了蒙娜丽莎头部，设计的缺憾显而易见。此后，30 多个国家和地区陆续发行了《蒙娜丽莎》邮票，其中匈牙利 1974 年的《蒙娜丽莎》（图 4-62）设计最佳，其面值、文字被设置在画面之外，保持了原作完整画面，印制色彩也接近原作。有的邮票取《蒙娜丽莎》局部为图，被认为世界上最完美细腻纤秀的双手，展现在冈比亚 1993 年发行的邮票上（图 4-63）。

图 4-61

纪念达·芬奇的邮票较多，最早的是《戴帽的达·芬奇》（图 4-64，意大利 1932）；最多的是达·芬奇 61 岁的《自画像》（图 4-65，意大利 1938）；少见的是其弟子梅尔兹所作《达·芬奇侧像》（图 4-66，意大利 1935），此票在欧洲市场卖价很高。1932 年拉脱维亚的《达·芬奇侧像》（图 4-67）也是难集之票。

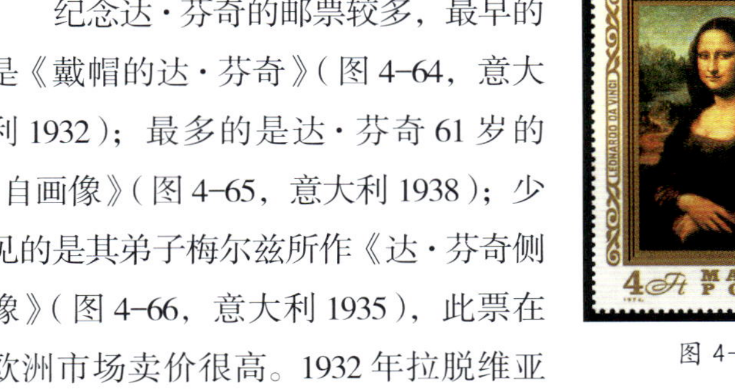

图 4-62

图 4-63

图 4-64

图 4-65

图 4-66

图 4-67

图 4-68

各国邮政为纪念达·芬奇的创作成就，纷纷以他各个时期作品为图设计邮票，如作于1474年，精细描绘了主人公眉毛、颧骨的《吉涅芙拉·德·宾西肖像》(图 4-68，列支敦士登 1949)；作于1501年，让圣安娜展现达·芬奇式微笑的《圣母子与圣安娜》(图 4-69，布隆迪 1976)、(图 4-70，圣文森特 1992)；作于1506年，描绘宙斯为爱情变为天鹅厮守丽达的《丽达和鹅》(图 4-71，巴拉圭 1975)；以及刻画战士头像的素描《安加利之战》(图 4-72，匈牙利 1965) 等。

法国的纪念是独特的，1952年，法国刻制了1枚以50岁达·芬奇肖像为图的纪念邮戳，这枚戳记存世不多，用该戳制作的极限明信片（图 4-73）售价达两百余欧元。

图 4-69

图 4-70

图 4-71

图 4-72

图 4-73

（10）文艺复兴三杰之一米开朗琪罗

米开朗琪罗（1475—1564），生于意大利卡普莱斯上层人家。6 岁丧母，被寄养。13 岁入佛罗伦萨画家基尔兰达约工作室，后转入圣马可修道院美第奇学院学习。21 岁赴罗马作画，以后一直往返于佛罗伦萨与罗马，从事绘画、雕刻、建筑。米开朗琪罗耿直刚愎，甚至与“文艺复兴三杰”之另两杰的达·芬奇、拉斐尔也难以合作。他一生未婚，孤独地追求完美艺术之路，直至 89 岁逝世于罗马工作室中。他的风格影响了几乎三个世纪的艺术家。

米开朗琪罗擅长人物刻画，为了掌握人体结构，他曾亲自解剖尸体研究。他所描绘的人物，如同挣脱自己肉体束缚后而获得存在的形式，因而极富动感与活力。1508 年，米开朗琪罗奉教皇之命，独自在西斯廷教堂天顶仰面作画，费时 4 年多，完成 9 幅圣经题材画面，其中的《创造亚当》（图 4–74，匈牙利 1975，无齿孔），描绘了上帝伸手接触亚当的手，给亚当以生命和力量的全景画面；图 4–75（美国 1958）选取了上帝和亚当两只手的局部；图 4–76（梵蒂冈 1970）则选取了亚当的头部特写。《诱惑与驱出伊甸园》（图 4–77，梵蒂冈 1994），表现夏娃伸手摘取禁果和被驱出伊

图 4–74

图 4–75

图 4–76

图 4–77

图 4-78

甸园的情景。图 4-78（梵蒂冈 1970）取自夏娃局部特写。

米开朗琪罗在西斯廷教堂天顶画两侧，还配置了巫女和预言者的巨大人体形象。1961 年意大利为天顶画的人物发行一套邮票，票幅小，只印了头像。布隆迪 1975 年纪念“米开朗琪罗诞生 500 年”邮票，以 12 位先知为图。同年阿尔巴尼亚邮票也有 2 个先知头像。将这 3 套邮票的同一人物搭配欣赏，可提升审美情趣:《预言家以西杰》（图 4-79、图 4-80，意大利、布隆迪）是一位狂热神秘的老者；《库马埃巫女》（图 4-81、图 4-82，阿尔巴尼亚、布隆迪）她具有超人的威力，形象严厉；《狄尔菲巫女》（图 4-83、图 4-84，阿尔巴尼亚、布隆迪）与库马埃巫女相反，年轻漂亮，她在作预言;《预言家耶利米》（图 4-85、图 4-86，意大利、布隆迪）是著名的希伯来先知，他在埋头深思。这个形象影射米开朗琪罗对意大利灾难的忧虑。米开朗琪罗所作西斯廷教堂天顶画，人物达 343 个之多，造型比真人还大，展示了强大的超人力量，成为空前绝后之作。

图 4-79

图 4-80

图 4-81

图 4-82

图 4-83

图 4-84

米开朗琪罗还善于将自己的立场与感情融入人物形象中。1535 年，米开朗琪罗再度奉教皇之命，制作西斯廷

图 4-85

图 4-86

图 4-87

图 4-88

教堂壁画，他以 6 年时间完成的《最后的审判》（图 4-87，巴拉圭 1975），描绘基督在世界末日来临举起右手发出最后判决的情景，天堂地狱善灵恶鬼皆入画面，教皇也列在被判罪的人中，那悲凉壮烈中另有肃穆恐怖氛围，足见米开朗琪罗对人间丑恶的憎恨。

米开朗琪罗《自画像》（图 4-88，意大利 1961），展示着他人格力量的光辉，就是这个桀骜不驯的画家创造了永无人能够逾越的艺术峰巅。

（11）文艺复兴三杰之一拉斐尔

拉斐尔（1483—1520），生于意大利乌尔比诺宫廷画师之家。自幼随父学画，后转入彼鲁基诺门下，17 岁出师。是年创作的《三美神》（图 4-89，保加利亚 1975），一展其非凡才华。21 岁完成的大幅祭坛画《圣母订婚》（图 4-90，安提瓜和巴布达 1989），标志着艺术上的成熟。25 岁以一流大师声誉奉教皇之命赴罗马作画，即居留罗马，直至 37 岁劳累早逝。

作为文艺复兴三杰之一的拉斐尔，最为年轻，他十分注重学习达·芬奇的构图法与米开朗琪罗的人体表现，从而独树一帜。

拉斐尔刻画人物栩栩如生，在巨型壁画《雅典学院》中，云集了古今著名哲学家，有论争的柏拉图和亚里士多德（图 4-91，塞浦路斯 1978）；有苏格拉底、欧几里德、托勒密；甚至还有拉斐尔本人，他居于右边人群中，从而以这种形式完成了《自画像》（图 4-92，意大利 1974。取头部肖像）。

图 4-89

图 4-90

图 4-91

拉斐尔以和谐明朗的构图与秀美优雅的形象塑造了多幅作品。《披纱巾的女子》(图 4-93，匈牙利 1983，无齿孔)中，那从面庞到服饰衣褶都极为精细的美女形象；壁画《嘉拉蒂亚的凯旋》(图 4-94，瓦利斯·富图纳 1983)、图 4-95(巴拉圭 1985)中，那机智拒绝巨人求爱的微笑的海神嘉拉蒂亚，都证明了拉斐尔的构图与秀美优雅形象的魅力。

图 4-92

图 4-93

图 4-94

图 4-95

拉斐尔塑造的拉斐尔式圣母像，别具一格。《西斯廷圣母》(图 4-96，德国 2012)中，人物形象的大小和真人相仿，圣母形象柔美圣洁，画面背景全部由淡彩的小天使头像组成。《西斯廷圣母》这幅名画已被多国邮票采用。有些邮票取该画局部为图，图 4-97(萨尔 1954)虽为单色印刷，但雕刻版的点线把原作刻画非常准确。《圣女巴巴拉》(图 4-98，圣马力诺 1963)和《小天使》(图 4-99、图 4-100 哥斯达黎加 1984)，展示了《西斯廷圣母》的精彩细部。

拉斐尔制作壁画《波尔哥宫的火警》(图 4-101，意大利 1960)时，正逢

图 4-96

图 4-97

图 4-98

米开朗琪罗的西斯廷教堂天顶画完工，拉斐尔深受鼓舞，加强了人物运动感，邮票中表现的儿子背着老父逃出火海的场面极具动感。

拉斐尔的肖像画也很出色，他在去世前的极度忙碌中，为好友、作家、政治家卡切利翁绘制的肖像（图 4-102，科摩罗 1983），成为拉斐尔重情重义品格的见证。

图 4-99

图 4-100

图 4-101

图 4-102

（12）威尼斯画派画家乔尔乔内

乔尔乔内（1477—1510），生于意大利卡斯泰尔弗兰科。少时从师于乔凡尼·贝利尼，与提香同窗，并受达·芬奇影响。27岁为故乡教堂绘制的祭坛画《卡斯泰尔弗兰科》，因风格独到引人刮目。30岁受聘任威尼斯总督府画师，后为威尼斯德国商人协会作画。33岁因染瘟疫早逝。乔尔乔内留存于世的作品被公认为真迹者只有6件，包括被完全损毁的一件壁画，但他对威尼斯画派却有深远影响。

乔尔乔内的人物画十分出色，他不仅注重刻画人物本身，而且善于营造一种与众不同的特定氛围。1505年创作的《三王来拜》（图4-103，意大利1978），不仅表现了乔尔乔内刻画众多人物内在精神世界的功力，而且展示了群像身后的气场；同年创作的代表作《朱迪斯》（图4-104，苏联1977，作品局部），描绘古代犹太女英雄杀死敌军首领荷罗菲尼斯勇敢拯救祖国的故事，乔尔乔内描绘的不是巾帼英雄气概，而是以朱迪斯玉洁冰清的外貌展示她强大的内心世界，从而为画面铺上了一层温馨的诗意；1510年的《睡着的维纳斯》（图4-105，巴拉圭1977）中，乔尔乔内把体态完美的维纳斯置于优美的田园风景之中，营造出一种利于睡眠的宁静氛围，可惜，乔尔乔内没有画完这幅画便去世，背景风景部分经他的挚友提香之手续成。

乔尔乔内还有《暴风雨》《三博士》《所罗门王的审判》（图4-106，利比里亚1969）等杰作留世。

图 4-103

图 4-104

图 4-105

1983年匈牙利布达佩斯美术馆失窃7幅名画，为发动民众协助查找，匈牙利邮政将这7幅名画印在邮票上，在票背印有画名及作者名字。其中有1幅是《乔尔乔内肖像》（图4-107），图4-108背面的文字注明画名及作者佚名。

图4-106

图4-107

图4-108

（13）威尼斯画派画家提香

提香（1490—1576），生于意大利威尼斯北部山区小镇卡多莱。9岁赴威尼斯学艺，后师从乔凡尼·贝利尼，与长于他13岁的乔尔乔内同窗，后二人一直密切合作。26岁接受威尼斯政府任命为官方画家，55岁游学罗马，58岁至61岁两度赴德国作画。提香晚年孜孜不倦地在别墅画室作画，有时通宵宴饮，不知疲倦，86岁感染鼠疫离世。在文艺复兴画家中，提香作品之丰厚堪称独步，可与佛罗伦萨艺术传统争雄。

画坛公认提香个人风格成熟的第一个代表作，为1512年起所绘制的《神圣与世俗之爱》，作品运用了对比与象征手法，将圣、俗两种爱情，寓意于两位女性形象身上，左边的神圣之爱衣着整肃（图4-109，圣马力诺1966），右边的世俗之爱则为形象健美的裸体女郎，光彩照人（图4-110，巴拉圭1975）。这幅画被誉为文艺复兴绘画中表现女性美理想的最佳作。他的另一幅宗教画《纳税银》（图4-111，民主德国1955），也运用了对比手法，画面表述了法利塞人向基督要税钱的场面，其中，基督那平静圣洁的表情与法利塞人凶残的侧面像形成了鲜明的对比。

图4-109

图4-110

描绘女性健康完美的体态是提香偏爱的题材。《忏悔的玛格达琳》(图4-112，苏联1971)表现了妓女玛格达琳从良后忏悔的情景，她健美的体魄与真挚的情感令人油然心动;《达那厄》(图4-113，苏联1982)取材于希腊神话，表现了被关在塔内的公主达那厄渴望与宙斯相会的神态，画中达那厄神情充满期待，体态颇具性感;《海上的维纳斯》(图4-114，塞浦路斯1988)，展示了提香对女性美深邃的表现力，维纳斯形象楚楚动人。

图 4-111

图 4-112

图 4-113

图 4-114

各国邮政为纪念提香，选取了多幅名作入票。匈牙利选取了《花神》(图4-115，无齿票，1976)，表达了对画家热恋女友感情的敬重；塞内加尔选取了《凯瑟霖像》(图4-116，无齿票，1977)，邮票印制精细，与原作色彩非常接近；纽埃选取了《施特洛兹的女儿》(图4-117，1979)，

图 4-115

图 4-116

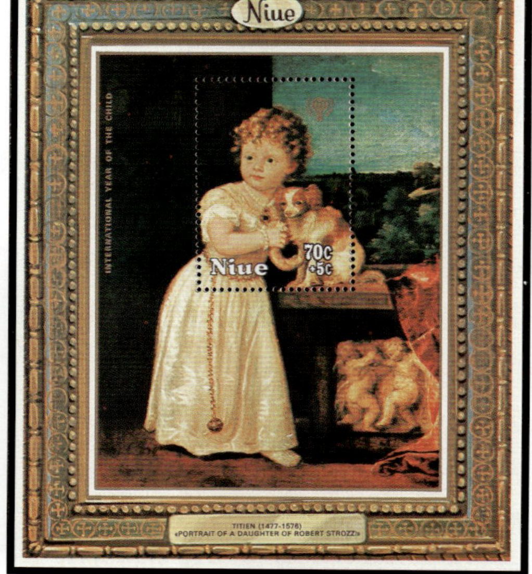

图 4-117

设计者将整幅作品镶在“画框”内，在女孩头部四周打出齿孔，如果沿齿孔撕下，小小的邮票画面会把欣赏者的视点集中到女孩头像上；保加利亚则选取了提香的《自画像》（图 4-118，1986），纪念这位先后影响了巴洛克绘画与浪漫主义、印象主义画派的一代大师。

图 4-118

（14）意大利文艺复兴晚期画家柯雷乔

柯雷乔（1494 —1534），原名安东尼奥·阿列格里，因出生在意大利柯雷乔，故以出生地传名于世。少时师从曼坦那，并受达·芬奇影响。26 岁后主要在帕尔玛作画。

柯雷乔分别汲取了佛罗伦萨画派典型塑造与威尼斯画派色彩渲染之长，另辟蹊径，展示了意大利文艺复兴绘画晚期的辉煌。

柯雷乔塑造的人物，除了在色彩上用心以外，还往往将其置于一种新奇的意境之中，耐人寻味。他的《睡梦中的安提奥普》（图 4-119），在入睡的主人公周围，描绘了一种与梦境相关的神秘气息，1956 年阿根廷发行“防止小儿麻痹病”邮票时，借用此画为图，被认为是最早的柯雷乔绘画邮票；柯雷乔为帕尔马教堂绘制天顶壁画时，也多次创造意境，他的《圣诞之夜》（图 4-120，瓦利斯·富图纳 1982）、《基督复活》（图 4-121，布隆迪 1971）、《圣母的爱》（图 4-122，朝鲜 1983）中的人物，都仿佛在云端天际自由飘游。

图 4-119

柯雷乔塑造人物，刻意讲究形体美，特别是柔和甜蜜的女性之美，如古典神话题材作品《丽达和鹅》（图 4-123 巴拉圭 1988）、《达娜厄》（图 4-124，巴拉圭 1975），以及《女士

图 4-120

图 4-121

图 4-122

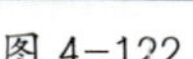

图 4-123

图 4-124

图 4-125

像》(图 4-125，苏联 1982)，都是以靓丽的女性形体魅力，展示了人文主义与古典精神结合的成果。

(15)威尼斯画派画家丁托列托

丁托列托(1518 —1594)，生于意大利威尼斯染工之家，原名雅科布·罗布斯其，人称“小染匠”，即意大利文丁托列托。少时师从提香，深得提香精于用色之精髓，但因任性被提香辞退。后一直发奋自学，21 岁创立画室，以“米开朗琪罗的设计和提香的色彩”为座右铭。

拉斐尔身后，佛罗伦萨派日趋式微，而威尼斯画派在提香之后依旧如日中天。这便为丁托列托提供了发展机遇，他继承提香的用色与米开朗琪罗的线描特色，在威尼斯画派中别开生面。如《出浴的苏珊娜》(图 4-126，票图左半部，圣马力诺 2004)中，人物造型富于运动感，色彩亮丽，具有意大利古典美风范。

图 4-126

丁托列托在长期实践中形成自己的风格，他的作品构图新奇，在叙事传情的画面中注重运动感，富于灵动之气。例如他的以古典神话为题材的多部作品，《维纳斯与火神》(图 4-127，巴拉圭 1970)、《阿利亚多娜、维纳斯和巴卡斯》(图 4-128，意大利 1994)、《银河系的起源》(图 4-129，巴拉圭

图 4-127

图 4-128

图 4-129

1975），都具有上述特征，使人惊异画家的奇特想象。像 1570 年完成的《银河系的起源》，以婴儿吸吮女神朱诺之奶，奶水四溅化成银河的奇异场面构图，配以多变的光线与鲜丽色彩，把个古罗马神话描述得华丽神奇。

丁托列托的肖像画也具有很高造诣，如《忧伤的妇女》（图 4-130，保加利亚 1978）、《威尼斯议员》（图 4-131，罗马尼亚 1969）中，主人公的神态、衣着的描绘，都达到了人文主义的新高度。

在匈牙利失窃的 7 幅名画中，有 1 幅是丁托列托的《自画像》（图 4-132），票背印有画名（图 4-133，1983）。

丁托列托作品具有深刻的思想性，成为文艺复兴绘画辉煌的尾声。他淡泊名利，从不计较作品报酬，往往只收取颜料和画布成本，这一点与老师提香大相径庭。

图 4-130

图 4-131

图 4-132

图 4-133

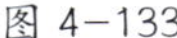

（16）威尼斯画派画家委罗奈斯

委罗奈斯（1528—1588），原名保罗·卡里雅利，生于意大利维罗纳，根据他的出生地点，人们称他委罗奈斯（维罗纳人）。少时师从本地画家，23 岁赴威尼斯绘画，直至 60 岁离世。

委罗奈斯善于对提香、米开朗琪罗、拉斐尔的作品兼收并蓄，取其精华，自成一家。委罗奈斯主要从事教堂、宫殿以及贵族家庭的壁画绘制。题材多以神话及世俗生活中的安逸享乐的情节为主，他喜好描绘人物众多的盛大场面。《迦纳的婚礼》（图 4-134，圭亚那 1993）描绘基督在迦纳城参加婚礼宴会的情景，把圣经故事画成了现实生活中的宴会场面。画中人物 130 多人，各个栩栩如生。在梵蒂冈 1988 年发行的纪念委罗奈斯逝世 400 周年邮票中，选取此画的局部为图（图 4-135）。

图 4-134

图 4-135

图 4-136

1573 年他绘制的《利未家的宴会》也是人物众多的盛大场面。利未是《圣经》中的税吏，作品表现基督参加利未家宴会的情景，构图宏伟，建筑豪华，画幅达 13 米 ×5.5 米。委罗奈斯还将自己画入了作品中（图 4-136，意大利 1973 年发行）。

委罗奈斯留下的传世之作《维纳斯与熟睡的阿多尼斯》（图 4-137，巴拉

图 4-137

图 4-138

图 4-139

图 4-140

圭 1970)、《狩猎的黛安娜》(图 4-138，苏联 1978)、《力量与智慧的寓意》(图 4-139，南斯拉夫 1983)，都将他的艺术魅力发挥到极致。他晚年之作有为总督府大议事会厅设计的《威尼斯的胜利》(图 4-140，意大利 1946)，从中可见他在透视构图与用色上的创新精神。

威尼斯画派中，委罗奈斯是坚守意大利文艺复兴绘画传统的最后代表。

2. 尼德兰文艺复兴绘画

尼德兰，在荷兰文中意为“低地”。13—14 世纪，尼德兰作为一个地区，包括荷兰、比利时、卢森堡一带以及法国东北的一些地区。这个时期的尼德兰绘画和后来的荷兰绘画意义迥异。尼德兰地理条件优越，是欧洲西北部水陆交通中心，手工业发达，商业繁荣，资本主义经济在当时属发达地区。

文艺复兴时期的尼德兰绘画注入了人文主义思想，以体现现实主义倾向。在绘画材料上，使用了改进的油画颜料，并在独幅木板上作画。一代大师凡·爱克、威登、鲍茨、梅姆林、博斯、马西斯、勃鲁盖尔等幡然登临画坛。

（1）尼德兰文艺复兴绘画奠基人凡·爱克兄弟

胡伯特·凡·爱克（1366—1426）与杨·凡·爱克（1380—1441）两兄弟，生于尼德兰马斯特里赫特。哥哥胡伯特曾赴科隆学习，终生从事绘画雕塑；弟弟杨·凡·爱克除绘画外，曾任外交官，去往葡萄牙、西班牙等地任职。凡·爱克兄弟最出色的合作是绘制了史诗般的世界杰作《根特祭坛画》，以此成为尼德兰绘画奠基人。

1432年，哥哥胡伯特受邀赴根特市教堂绘制祭坛画，不幸中途离世，由弟弟杨·凡·爱克续完全部画作。《根特祭坛画》，是由20个框边分开的画面组成的可折叠多叶式屏风，立于教堂圣像之后。《圣母》《上帝之子》《施洗的圣约翰》（图4-141～图4-143，比利时1986）是上排的3幅，下排1幅《朝拜羊羔》（图4-144）。此外，《天使合唱》（图4-145，联邦德国1950，此画置《圣母》左侧）；《唱圣歌的天使》（图4-146，卢旺达1969，位于《施洗的圣约翰》右侧）；《圣经》（图4-147，比利时1977）是圣约翰手捧的书，这些均为《根特祭坛画》的局部。这幅宏伟的早期尼德兰绘画作品，由经

图 4-141

图 4-142

图 4-143

图 4-144

图 4-145

图 4-146

图 4-147

过改进的油画颜料和新技法绘制，在尼德兰绘画发展中具有重要的意义。

图 4-148

哥哥胡伯特的作品留下不多，弟弟杨的作品则不少。杨·凡·爱克是在木板上成功绘制油画的第一人，他对油画颜料的改进和绘画成就富于划时代意义。他作于 1434 年的《阿尔诺芬尼夫妇肖像》(图 4-148，不丹 1970，立体邮票)，成为荷兰后来兴起的风俗画的先驱。有趣的是，人物背后的挂镜，不仅画出两人的背后姿态，还看得见画家本人，这种应用物理学上光线反射知识的做法，后来成为尼德兰绘画的著名特色。他的主要作品还有《自画像》(图 4-149，比利时 1944)、《妻子像》(图 4-150，布隆迪 1967)等。

图 4-149

图 4-150

（2）尼德兰画家韦登

韦登（1400 —1464），生于德尔纳，与凡·爱克兄弟并称早期尼德兰代表画家。韦登约自 27 ～ 32 岁期间在尼德兰画家罗伯特·康宾门下学画，35 岁荣获布鲁塞尔市艺术家称号。50 岁赴罗马巡礼，并在佛罗伦萨等地停留作画。

韦登受凡·爱克兄弟影响较大，但与两兄弟不同的是，他喜爱激情创作。他的作品大部分为宗教画，如《基督降生》(图 4-151，库克群岛 1974)。

图 4–152

图 4–153

图 4–151

图 4–154

《耶稣被顶上十字架》（图 4–152，比利时 1989）。早期力作祭坛画《下十字架》，昭示此后十几年的创作风格。

韦登以激情化表现手法创作的肖像画，是世界肖像艺术中最杰出的成就之一。《菲利普三世》（图 4–153，比利时 1941）、《勇敢者卡尔》（图 4–154，利时 1941），都可见韦登流溢于笔下的感情。1964 年韦登逝世 500 周年之际，比利时发行的邮票小型张（图 4–155），撷选了韦登

图 4–155

的3幅肖像画:《菲利普像》《贵妇人》《射手》。其中,《贵妇人》刻画的尼德兰贵族妇女形象端庄大气;《射手》以射手衣着展示了15世纪尼德兰人的服装特征与刚强性格。

(3)尼德兰画家梅姆林

梅姆林(约1430—1494),尼德兰佛兰德斯画家。生于德国塞利根施塔特,后迁居布鲁日。曾在尼德兰画师罗吉尔门下受到出色训练。有人认为他还是韦登门生,也曾赴科隆学习。65岁成为布鲁日市民,在此绘制宗教画和肖像画。

图 4–156

梅姆林作品的艺术风格恬静优美,他所塑造的圣母造型,几乎与韦登、鲍茨、博斯、梅姆林等尼德兰文艺复兴时期画家相同,多具下巴较尖的杏仁形脸庞、略显扁平的鼻子、羞怯的嘴巴等特征;《拿苹果的圣母》上(图4–156,比利时1961),展示了尼德兰式圣母特有的形象,安静平和;他的尼德兰式圣母还多次出现在美国、加拿大、布隆迪、巴拉圭、库克群岛等国(或地区)的圣诞节邮票上。

图 4–157

1939年,布鲁日市的梅姆林纪念馆举办梅姆林画展,比利时邮政为此发行了纪念邮票,图选梅姆林的屏风画《马丁·纽曼霍夫》为图(图4–157),这是最早的梅姆林绘画邮票。邮票展示梅姆林绘画的还有《施洗者圣约翰》(图4–158,马里1970)、《奥地利的玛格丽特》(图4–159,比利

图 4–158

图 4–159

图 4–160

图 4-161

时 1984）、《天使奏乐》（图 4-160，卢旺达 1969）、《读书的男子》（图 4-161，罗马尼亚 1969 年发行）等，这些作品保持了凡·爱克兄弟、韦登的技法传统，并具有梅姆林的新创。

（4）尼德兰肖像画创始者马西斯

马西斯（约 1466 —1530），尼德兰佛兰德斯画家。生于卢万铁匠之家。初为铁工，据说其妻厌恶匠人，马西斯便改为在当地学习绘画。25 岁任安特卫普画家行会画师，收纳众多门生。

图 4-162

马西斯作品形式多样，画有宗教题材壁画、肖像画、城市风俗画和少量风景画。最出色的是 1514 年创作的《银行家和他的妻子》（图 4-162，布基纳法索 1968），它反映马西斯的思想，表现了当时银行家的活动，被史学家认为是最早出现的描绘城市日常生活的风俗画；该画中，银行家夫妇工作台面上的凸镜，映照出长方形的窗，通过窗户可以看见街上的房子和树林，这种已经被杨·凡·爱克用过的特技反映了马西斯对前辈科学精神的继承，应当说，这对 19 世纪末法国印象派绘画的光学理论发生了深远影响。

马西斯是尼德兰肖像画的创始者之一，早年受梅姆林细腻平整的尼德兰传统画风影响，后来又接受达·芬奇技法，但与先前尼德兰画家不同的是，马西斯作品风格自由、豁达、生气勃勃。《牧师像》（图 4-163，列支敦士登 1949）原作色彩浓烈，但邮票设计为单色，丧失了原作风采；1985 年列支敦士登邮政再度将这幅作品印上邮票，用雕刻版和影写版套印，画中人物清晰生动（图 4-164）；作于 1517 年的《伊拉斯莫斯肖像》（图 4-165A，比利时 1967），描绘出了这位著名人文主义学者的严峻伟岸；图 4-165B 邮票《彼得·吉尔肖像》（比利时 1967），勾勒出这位著名神学家的潇洒与不拘小节。

图 4-163

图 4-164

图 4-165A

图 4-165B

（5）"农民画家"勃鲁盖尔

西欧绘画史上有个著名画家家族，它由彼得·勃鲁盖尔与两子及后人组成，这里介绍的是画家家族的鼻祖——彼得·勃鲁盖尔《自画像》（图 4-166，奥地利 1969）。

图 4-166

勃鲁盖尔（1525—1569），尼德兰画家。出生于布鲁塞尔。初于阿尔斯特门下就学，26 岁任安特卫普画家行会画师。后到法国、意大利旅行。归途中绘制大量阿尔卑斯山速写，为其日后创作风景作品提供了资料。

勃鲁盖尔不画宗教故事、希腊神话或贵族僧侣肖像，而着力描绘农民生活以及民间习俗等，他的《播种》《收割》（图 4-167、4-168，比利时 1963）、《夏天》（图 4-169，罗马尼亚 1872），画

图 4-167

图 4-168

图 4-169

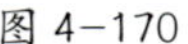

图 4-170

图 4-171

出了农民劳动情景；后期作品《农民舞蹈》（图 4-170，法国 2001）、《农民的婚礼》（图 4-171，局部，南斯拉夫 1983），刻画了农民豪放的性格和充沛的活力，由此得到“农民勃鲁盖尔”之称。

勃鲁盖尔采用幻想和写实相结合的表现方法，寓严肃主题于诙谐滑稽作品中，如《儿童的游戏》（图 4-172，比利时 1967），以丰富的想象，幽默的场面表达了自己对尼德兰社会问题的思考。勃鲁盖尔还喜欢以全景式构图，描绘尼德兰的田园景色和民俗，如《雪中猎人》（图 4-173，利比里亚 1869）、《朝见星象家》（图 4-174，加蓬 1972）等。

图 4-172

图 4-173

图 4-174

勃鲁盖尔作为现实主义画家，在尼德兰人民反抗西班牙统治的斗争中，创作了《伯利恒的人口调

查》(图 4-175，比利时 1969)，以此寓意西班牙军队的暴行。1568 年创作的《盲人》(图 4-176，比利时 1975)，意在告诫人们不要盲目。勃鲁盖尔绘画深刻地反映了他所处的时代，以勃鲁盖尔为最后的画家，尼德兰的文艺复兴宣告结束。

图 4-175

图 4-176

3. 德国文艺复兴绘画

德国，作为日耳曼气质留存到最后的国家，当时的文明程度远无法比及意大利。不过，中世纪过后，德国手工业工场发展，商业繁荣，城市摆脱了教会控制并取得自治，科学和艺术进步，人文主义思潮产生，德国南部的巴伐利亚等地及莱茵河流域的科隆等城市的经济已处在资本主义初期，文艺复兴已是势在必行。

德国文艺复兴绘画主要受意大利影响。绘画在表现手法上重视透视原理，描绘人体也采用新的技法。除了油画、壁画之外，德国画家把版画工艺从印刷业分离出来。这个时期德国所有画家都制作富有创造性的木刻或铜版画，版画成为德国文艺复兴绘画的一个重要画种。进入 16 世纪后，德国文艺复兴美术蓬勃发展，产生了成就卓著的画家丢勒、克拉纳赫和荷尔拜因。16 世纪中叶以后，德国发生了宗教战争，德国绘画萎靡停滞下来。

(1) 德国文艺复兴巨匠丢勒

丢勒(1471—1528)，生于纽伦堡金银细工匠之家，幼时从父学艺，15 岁师从纽伦堡艺术大师沃尔格穆特，19 岁游学瑞士，24 岁赴意大利学习威尼斯画派艺术，36 岁回到纽伦堡。50 岁后健康情形转坏，但仍笔耕不辍，直至离世，享年 57 岁。丢勒积极参与人文主义学术活动，支持宗教改革。除了绘画创作外，他在数学、建筑、机械、军事理论方面均有研究著述，恩格斯曾把丢勒和达·芬奇相提并论。

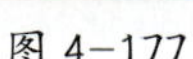
图 4-177

图 4-178

图 4-179

图 4-180

图 4-181

丢勒是世界艺术史上自画像最多的画家之一，作为“自画像之父”，他以系列自画像形式记录了自己各个时期的形象。最早在德国1926年发行的普通邮票中，有1枚是丢勒1500年作的《自画像》（图4-177）。此票色彩黯淡，票幅小，肖像不清晰，但价钱很贵，德国市场卖价500多欧元，从该自画像中可见29岁丢勒的深沉刚毅；而1484年绘制的《自画像》（图4-178，德国1942，占领区贴用）则表现出13岁丢勒的神童气质；最著名的是1498年27岁的《自画像》（图4-179，贝宁1971），这幅卷发披肩、坚毅冷峻表情的丢勒形象被许多国家的邮票所采用。

丢勒的肖像画十分著名，他精于写实传神，《威尼斯少女》（图4-180，德国1939）展示的美丽温柔，《霍尔茨舒尔像》（图4-181，科摩罗1978）主人公的智慧傲慢，都令人难忘。

图 4-182

丢勒的油画同样精于写实传神，他的《念珠节》（又名《玫瑰花环的祭典》，图4-182，捷克斯洛伐克1989），构图宏伟，以柔和的写生手法描绘了罗马教皇、德国皇帝、威尼斯红衣主教等真实人物，丢勒把自己也画了进去，位置在画面右侧小树下。邮票设计家将整幅画设计在边纸上部，下面 2 枚邮票《圣母和戴花环的圣婴》《弹曼陀林的天使》取自作品局部。他的另一幅油画《亚当、夏娃》(图 4-183，巴拉圭 1970)，犹如中世纪神坛降落到了人间，不仅展示了偷吃禁果的纯情男女的可爱，而且塑造了健美的人体。最著名的是他 1526 年绘制的《四使徒》(图 4-184，匈牙利 1978，无齿孔)，作品以双屏形式刻画了约翰、彼得、保罗、马可 4 位圣徒，在狭长的构图里，让 4 个人物顶天立地，表现对残暴统治者的愤恨，由此展示德国写实精神与意大利典型塑造的完美结合。

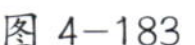
图 4-183

图 4-184

丢勒的版画在世界范围内具有重大突破，以 1514 年的铜版画《忧郁》为代表作(图 4-185，蒙古 1978)，当时的德国民族把忧郁与天才联系在一起，认为唯有真才实学者才具有忧郁气质，丢勒以密集丰富的衣褶和众多道具细节，以挺健精密的线刻，塑造出陷入沉思疑虑的科学家、艺术家，反映了当时先进人士的思想矛盾。

图 4-185

对画家的署名，一般认为是从丢勒开始的。丢勒将他的德文名字 Aibrecht Durer 的字头 A 和 D 组合的署名签在自己的作品上(图 4-186，联邦德国 1971)。其实，

图 4-186

在14—15世纪自由竞争时代，就有画家为表示对自己作品负责或利于售画，在画上署名了。

（2）德国画家克拉纳赫

图 4-187

克拉纳赫（1472—1553），生于德国克罗纳赫镇。33岁任萨克森公爵的宫廷画师，多次担任符腾堡市市长。他积极参加密友马丁·路德领导的宗教改革运动，他们的友谊，使克拉纳赫多次为马丁·路德作画，如铜版画《马丁·路德的肖像》（图 4-187，联邦德国 1953；图 4-188，民主德国 1967）。

克拉纳赫的风景画很著名，他吸收了意大利美术和丢勒绘画的成果，画风淳朴，自成一体，就连古板的宗教题材作品，也衬托以美丽真实的风景，给人以主人公走入人间的感觉。如《静卧在泉水边的少女》（图 4-189，民主德国 1972）、《亚当和夏娃》（图 4-190，捷克斯洛伐克 1986），都可见生动逼真的人物背后，依有德国式的美丽风光。

图 4-188

图 4-189

图 4-190

克拉纳赫的人物绘画与众不同，他所刻画的神话、历史故事、圣经里的女性形象，大多采用一种模式，在《莱西娅》（图 4-191，巴拉圭 1972）中，主人公细长弯曲的体态，小而圆的乳房，凸起的肚子，都是这种模式的典型。他所描绘的人物头部往往偏大，且有大额角，这也许是他德国人严谨求真艺术思维的另一种追求形式。

克拉纳赫的肖像画注重神态表现，如《马丁·路德的母亲》（图4-192，民主德国1972），真实地刻画了饱经沧桑、坚忍不拔的母亲形象。但他的作品也有雷同之处，如《戴红帽的少女》图4-193，巴拉圭1972）、《年轻的女子》（图4-194，捷克斯洛伐克1977）、《妇人像》（图4-195，苏联1987），三幅画作的人物表情十分相近，大概为满足订户所需匆匆成画的缘故。

图 4-191

图 4-192

1953年，克拉纳赫逝世400周年之际，联邦德国发行的纪念邮票是克拉纳赫的画像（图4-196）。

图 4-193

图 4-194

图 4-195

图 4-196

（3）德国画家荷尔拜因

荷尔拜因（1497—1543），德国文艺复兴第二代最杰出的画家。生于奥格斯堡画家之家，故有人也称“小荷尔拜因”。荷尔拜因从小随父学画，深得精工写实家传。17岁赴巴塞尔作画，已经小有名气。20岁南游意大利，归国后成为巴塞尔画界名家。35岁定居伦敦，为德国、英国绘画的发展做出了贡献。1543年，伦敦流行鼠疫，荷尔拜因不幸染病身故，年仅46岁。

荷尔拜因艺术的最高成就为肖像画，他以大量肖像画，准确记录了16世纪各种人物的外貌及心理特征，因而享誉欧洲，其中以1523年的《伊拉斯莫

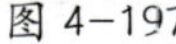
图 4-197

图 4-198

斯像》（图 4-197，刚果 1970）最为著名。荷尔拜因以高度写实的技巧描绘了学者写信的安详神态：眼眉高挑，眼帘轻垂，口唇紧闭，以此表现这位学界泰斗的坚强与可敬；他的《莫列特肖像》（图 4-198，保加利亚 1978）也是代表作，他用异常洗练的技巧描绘了莫列特的面孔，皮毛和天鹅绒服装、手套，注重处理画面的明暗关系，突出了人物的威严特征。

1536 年荷尔拜因任英国宫廷画师后，虽然保持了自己写实传真的艺术风貌，但肖像画风格已有变化。在《亨利八世肖像》（图 4-199，朝鲜 1984）、《王后詹·西摩尔肖像》（图 4-200，巴拉圭 1966）、《亨利八世的夫人安娜·科勒肖像》（图 4-201，布吉纳法索 1968）中，所绘人物被置于豪华背景与光鲜服饰中，但神态多少显得呆板，细节渲染按显贵要求也显繁琐。

图 4-199

图 4-200

图 4-201

荷尔拜因的素描画很完美，《托马斯·莫尔爵士一家》（图 4-202，比利时 1967）是一幅钢笔素描画，画家几乎不涂明暗，但以简约的线条，充分表现了政治家托马斯·莫尔的家庭氛围与每个人的风采。可惜这幅素描是没有完成的油画稿。

图 4-202

荷尔拜因的宗教画不多，著名的是《巴塞尔市长梅耶家的圣母》（图 4-203，萨尔 1954），圣母是以梅耶夫人的形象塑造的，作品构图和谐，圣母形象平实温馨，在文艺复兴的圣母像中别具风采。1974 年，联邦德国纪念荷尔拜因逝世 450 周年邮票，以荷尔拜因的《自画像》为图（图 4-204）。

图 4-203

图 4-204

4. 西班牙文艺复兴绘画

15 世纪末 16 世纪初，西班牙打败阿拉伯人完成统一，跃为欧洲海上强国。这个没有多少艺术历史和传统的国家，以带有浓郁的宫廷主义与尊僧主义的西班牙艺术作为起点，也创造了西班牙文艺复兴美术的辉煌。

西班牙应该感谢两个人，一位是西班牙国王查理五世，这位卓有远见的统治者倡导人民学习意大利艺术；另一位是尼德兰画家杨·凡·爱克，他作为外交官，将灿烂的尼德兰文化带到了西班牙。

16 世纪上半期，许多西班牙画家远赴意大利学习。于是，借意大利、尼德兰文艺复兴之风，这个伊比利亚半岛的国家涌现了莫拉列斯、胡安内斯等著名画家，但真正代表西班牙文艺复兴美术最高峰的，是迟至 16 世纪下半叶才出现的天才画家格列柯。

（1）西班牙文艺复兴画家莫拉列斯

莫拉列斯（1510 —1586），生于西班牙巴达霍斯。一生中，大部分时光滞留在故乡巴达霍斯作画。

莫拉列斯生性执着，在腓力二世当政，走了和他父亲查理五世不同的路线，在西班牙宫廷流行起罗马主义艺术时，莫拉列斯坚守的却是地方上的样式主义艺术。样式主义，是意大利在文艺复兴晚期出现的美术流派，它借用瘦长的形式、夸大的风格、不平衡的姿势来描绘人类和动物，以此产生戏剧化和强有力的影像。与意大利样式主义相比，西班牙样式主义更多地带有宗教神秘主义色彩。莫拉列斯成为西班牙最典型的样式主义画家，在他的

图 4-205

图 4-206

图 4-207

《圣斯特凡》《圣弗朗西斯科·阿西斯》(图 4-205、图 4-206，西班牙 1970）中，主人公的身体比例明显变形，并带有多愁善感、紧张情绪，画家显然为作品营造了一种神秘氛围。其实，这正反映了他面对黑暗现实的苦闷与思考。

莫拉列斯流传的作品不多，画作大多是塑造一些特定人物，而不是表现某个事件，诸如刻画圣母与子、基督受难等形象。从他所创作的《圣母与子》(图 4-207，赤道几内亚 1972）中可以看到，圣母的造型为长脸、前额凸出，有人认为圣母脸上表现出了禁欲主义表情。

图 4-208

莫拉列斯熟悉意大利和尼德兰绘画艺术，在他的名作《戴荆冠的基督》(图 4-208，西班牙 1970）中，我们可以看到他在绘画中使用的细腻的技法，与 15 世纪尼德兰画派的手法很接近。

(2)“希腊人”画家格列柯

格列柯（1541—1614)，生于希腊克里特岛。原名多米尼加·特奥托科波洛，人们称他格列柯，即希腊人之意。格列柯早年在希腊故乡随本地圣像画家学习，19 岁赴威尼斯入提香画室，29 岁赴罗马，36 岁赴西班牙，几经周折在托莱多定居。格列柯在西班牙从事创作 38 年，所以画史上将他归入西班牙画家之列（图 4-209，1961）。

图 4-209

1577 年格列柯在西班牙旧故都托莱多安居后，受到了旧贵族欢迎，因而创造力勃发。这期间的主要作品是《圣莫里斯的殉难》（图 4-210，西班牙 1961）与《奥尔加斯伯爵的葬礼》（图 4-211，赤道几内亚 1976）。在《奥尔加斯伯爵的葬礼》中，画面上部是伯爵被召回天国的情景，下部是肃穆的葬礼场面，而小型张左侧的建筑是格列柯在托莱多的住所。作品给人以生与死、现实与幻想对接的氛围。图 4-212 是《奥尔加斯伯爵的葬礼》的局部（西班牙 1961）。

格列柯 1570 年赴罗马期间，受到样式主义影响，因此，这位谙熟人体解剖学的画家，总是夸张地拉长人物形象，以致有人说他患有错视症。他所绘制的人物往往面容清瘦，还有一双忧郁冷漠的大眼睛，表情阴沉，如《圣家族》（图 4-213，匈牙利 1968 无齿孔）中圣母的"加长脸"特写；在《圣安德列和圣弗朗西斯科》（图 4-214，西班牙 1982）中，还可见人物抻长的身体，整个画面呈现出宗教神秘氛围。格列柯甚至在风景画中也采用了夸张手法，《暴

图 4-210

图 4-211

图 4-212

图 4-213

图 4-214

图 4-215

风雨前的托莱多》(图 4-215，希腊 1964)的风景明显变形，由此可见画家忧郁的情绪。

图 4-216

图 4-217

但是，格列柯的哲理性思考，使他超越了同时代的任何西班牙画家。他力图把自己的思想注入人物内心活动中，他的《圣彼得和圣保罗》(图 4-216，苏联 1970)，以对比手法塑造了两种不同性格、不同智力的人：保罗热衷于发号施令，从他的眼神、秃顶、冷峻而修长的面孔可以体现，而慈祥的彼得则是俯首听命的样子，这反映了格列柯对社会矛盾的愤懑不平。图 4-217(卢旺达 1973)的邮票与图 4-216 同题，但画作有区别。有人认为是邮票制版印刷造成的差别；另一种说法，这是两幅画，因为画家本人及其弟子曾多次临摹一些佳作。

格列柯是一位天才而又复杂的人物，他的绘画犹如多棱镜，映照了他自己，也映照出西班牙 16 世纪没落贵族的精神危机。他的《自画像》先后被西班牙、希腊邮票采用。

5. 法国文艺复兴绘画

今天艺术鼎盛的法国，倒退到十四五世纪，还没有形成自己民族的美术，不过是受尼德兰艺术影响的国家。

15 世纪初，西罗马教皇居住地阿维尼翁，成为艺术家聚集之地，就在这里，法国文艺复兴萌动了。

16 世纪初，国王弗朗西斯一世热情邀请具有新思想的启蒙主义者、诗人、艺术家入宫创作。这实在是个好决策，达·芬奇在这里度过了人生的最后 3 年，意大利画家萨托也经常驻留，后来法国的多少创新，都缘此而起。

法国文艺复兴绘画远不如意大利来得气势磅礴，主要画家有富凯和克卢埃父子，有关这两位画家的邮票也很少。法国出现伟大的美术，还要等到巴罗克时代以后。

（1）法国文艺复兴绘画奠基人富凯

富凯（约 1420—1480），生于法国图尔，少时在巴黎学艺，27 岁前为罗马教皇画像，后回到图尔，开设个人画坊，被国王封为御前画师（图 4-218，1946）。

图 4-218

文艺复兴观念进入法国美术，始自富凯。富凯平生经历丰富，他既画作品插图，也画王公僧侣肖像。

富凯从事肖像画创作后，一改法国长期因袭的英国画风，他追求写实风格，注重刻画人物心理状态，在代表作《查理七世像》（图 4-219，法国 1946）中，细腻刻画了查理七世的肥厚大鼻子、死鱼眼、圆顶帽，以此表现这位不招人喜欢的统治者的虚弱内心。

富凯在构图与透视关系上都汲取了意大利文艺复兴特征，并推陈出新，创造自己的风格。他的油画代表作《圣母与子》（图 4-220，赤道几内亚 1972），以多变的几何形和色彩的抽象化来展示自己卓越的想象力，主人公圣母左侧乳房袒露，右臂拄椅，她的周围有一群红衣天使，遗憾的是该票设计为突出圣母形象，用金色将红衣天使遮住，因而有失原作风貌。有趣的是，富凯选取的圣母模特是查

图 4-219

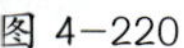
图 4-220

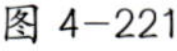
图 4-221

图 4-222

理七世的情人娅格涅莎·娑蕾尔，这正符合富凯的写实风格。他的另一幅《做祈祷的小孩》（图 4-221，法国 1951），原认为作者佚名，现在证实为富凯的作品，同样表现了富凯的独特风格。

列支敦士登 1949 年发行的名画邮票，有 1 枚《富凯画像》（图 4-222），法国 1946 年发行的“15 世纪名人”邮票的富凯画像（图 4-218），似根据这幅画像雕刻制版印刷的。

（2）克卢埃父子画家

富凯离世的第 5 年，另一位文艺复兴画家诞生了，这位叫让·克卢埃的外国人，连同他的儿子弗·克卢埃，共同推动了法国的美术复兴。

父亲让·克卢埃（约 1485 —1540），生地不详，推测为尼德兰南部人。31 岁任法国首席宫廷画师。他同时在图尔与巴黎两地创作，直至 55 岁逝于巴黎。

老克卢埃的主要成就是肖像画，任宫廷画师期间，他画有 130 余幅肖像画，大多是写生素描，这些肖像素描作品继承了尼德兰、意大利的写实精神，注重性格表现，使法国肖像艺术别开生面。他的油画肖像在素描基础上，施以精细的手法、明净的色彩，在代表作《弗朗索瓦一世像》（图 4-223，法国 1967）主人公身上，画家以其绸缎衣服上华丽的花纹，侧身的傲气，表现了被史家称为野心家、阴谋家、好色之徒的弗朗索瓦一世的人格。

老克卢埃的儿子弗·克卢埃（约 1515，1520—1572），生于法国图尔。幼时从父学艺，后赴巴黎作画。老克卢埃身故后，小克卢埃《弗·克卢埃》（图 4-224，法国 1943）继承了父亲的封号和职位，连续为法国四朝君王绘画，并持有大型绘画工作室。小克卢埃注重学习父亲肖像画的技法和风格，吸收了意大利画师的成就，开创了自己的艺术风格，他的油画代表作《沐浴的贵妇人》（图 4-225，不丹 1970，立体邮票）就可看出他的画风，画中贵妇人被认为是查理九世情妇玛莉亚·图舍。

克卢埃父子所奠定的肖像画传统，深刻地影响到 19 世纪画家安格尔、德加等人。

图 4-223

图 4-224

图 4-225

五

17世纪欧洲绘画

就艺术而言，17 世纪虽然不及文艺复兴时代那样光照古今，但欧洲土地上的画家仍旧是群星灿烂。巴洛克画家的异军突起，受巴洛克影响而崛起的荷兰、法国、西班牙画家，共同创造了 17 世纪欧洲绘画的繁茂盛景（图 5–1～图 5–5）。

巴洛克，在世界美术史上专指欧洲 17 世纪的建筑、雕塑、绘画的样式与风格。与文艺复兴时期绘画的庄重典雅不同，巴洛克绘画气势奔放、动感强烈、色彩华美。

巴洛克绘画是在文艺复兴衰落之后的惨淡日子里诞生的，应当说，它挽救了一个时代。但是，它的力挽狂澜竟与饱受非议紧密相连。巴洛克（Baroque），西班牙语指畸形的变色珍珠，意大利语指中世纪繁缛可笑的神学

图 5–1　巴洛克时代意大利画家雷尼（1575—1624）《花神》

图 5–2　佛兰德斯画家斯奈德斯（1579—1657）《静物》

图 5–3　荷兰画家麦修（1629 — 1667）《工作的姑娘》

讨论；到18世纪时，古典主义学派索性把它拿来当作对17世纪绘画样式的讥讽称呼。这种偏见持续到19世纪后期美术史学者站出来奋勇纠正时，巴洛克绘画才得到了正名。

图5-4　法国画家洛兰（1600—1682）《在奥斯底港上船》

图5-5　西班牙画家里贝拉（1591—1652）《瘸腿的男孩》

巴洛克画家那热情奔放的呼声早就消失了，可他们的画作还在，伴随着画作永存后人记忆的，是一代大师不朽的声名。他们是：意大利的卡拉瓦乔、斯特罗齐、雷尼；佛兰德斯的鲁本斯、凡·代克、约丹斯、斯奈德斯等。

受巴洛克影响，荷兰的哈尔斯、伦勃朗、维米尔、麦修；法国的普桑、勒南、拉图尔、洛兰；西班牙的里贝拉、委拉斯开兹、牟利罗等，也大展风姿，为17世纪的欧洲绘画屡建奇功。

1. 意大利的巴洛克绘画

17世纪的意大利，文艺复兴在此开始，也在此终止。但是，意大利还有新的选择。画家卡拉瓦乔、斯特罗奇、雷尼、圭尔奇诺，强强联手，力排众议，以富丽恢弘的巴洛克绘画，使意大利重新成为引领欧洲绘画艺术主潮的国家。

（1）巴洛克代表画家卡拉瓦乔

卡拉瓦乔（1571—1610），原名米开朗琪罗·梅里西，生于意大利卡拉瓦乔小镇，后以出生地为名。11岁前在米兰画室学画，19岁只身赴罗马任大户听差。后在阿尔皮诺画室作助手，经数年奋斗得以跻身罗马画界。

卡拉瓦乔风俗画最具巴洛克风格，大多表现底层平民生活，即使涉猎宗教，也会把宗教题材表现为普通人的普通事，把那些高不可攀的宗教人物和场面，描绘得如同现实生活中的真人实景。作品《基督在埃麦乌斯的晚

图 5-6

图 5-7

餐》(图 5-6，安圭拉 1971)，描绘了两个信徒在小客店里遇到复活的基督情景。卡拉瓦乔以风俗画形式创作的基督，是卡拉瓦乔式的基督，没有胡须，与以往圣像画形象大相径庭，显然，他所塑造的人物形象乃至破旧服装均来自他所处的生活阶层与经历。此作背离了宗教宗旨，屡招抨击。《逃往埃及路上的休息》(图 5-7，圣马力诺 2009)，也有生活写实的元素，抱着圣婴小酣的玛利亚，成为卡拉瓦乔式的玛利亚，她走下神坛，走进大自然，一副逃难的农村妇女模样。

卡拉瓦乔大胆抛弃了文艺复兴画家确立的理想化模式，其代表作《施洗的约翰》(图 5-8，意大利 1973)、《占卜者》(图 5-9，阿尔巴尼亚 1973)、《抱果篮的少年》(图 5-10，巴拉圭 1975)，都来自生活，表现了巴洛克绘画注重朴实具体的原生态特点。

卡拉瓦乔是静物画的创始者，《盛水果的花篮》(图 5-11，阿尔巴

图 5-8

图 5-9

图 5-10

图 5-11

图 5-12

尼亚 1973)，是欧洲绘画史上第一幅静物写生。

卡拉瓦乔还创造了明暗对比的画法，即把物体置于黑暗中，然后用集中的光突出物体，如《基督下葬》(图 5-12，梵蒂冈 2010)就展示了这种明暗对比的强烈效果。他的成功启发了比他稍晚的一代巨匠，伦勃朗、委拉斯开兹都吸收了这种画法。

图 5-13

正当卡拉瓦乔大展宏图的时候，却受案件牵连，经历了逃亡、入狱、赦免、错捕、释放等变故。到卡拉瓦乔重新返回原有生活时，已是家徒四壁，孤身一人。就在他曾经奋斗崛起的这个罗马城，卡拉瓦乔没能拾起画笔，他身心衰竭，染病而逝，时年 36 岁。

1960 年，意大利为纪念卡拉瓦乔逝世 350 周年发行了邮票，以卡拉瓦乔的自画像为图(图 5-13)。

(2)巴洛克代表画家斯特罗齐

图 5-14

斯特罗齐(1581—1644)，生于意大利热那亚。长期在故乡从事创作。49 岁移居到威尼斯，着力研究 16 世纪威尼斯画派，对 17 世纪威尼斯画派巴洛克样式的形成起了重大作用。

斯特罗齐关注现实生活，创作了大量风俗画、肖像画和宗教题材画。斯特罗齐的风俗画代表作《厨娘》(图 5-14，意大利 1978)，最能反映他的思想情感。《厨

图 5-15

图 5-16

图 5-17

娘》描绘了一位女厨宰鹅的瞬间情景，胖胖的中年女厨身系白色围裙，神态专注，她的左边，那只倒挂在墙上的死禽显然是她劳动的成果。

斯特罗齐注重使用巴洛克绘画的浓郁色彩，《受胎告知》（图 5-15，匈牙利 1968，无齿孔）、《虔诚的女演员》（图 5-16，民主德国 1976），《曼陀林演奏者》（图 5-17，巴拉圭 1972）等，都以其鲜艳华丽的色彩和场景，展现了斯特罗齐成熟时期的巴洛克绘画风情。

2. 佛兰德斯的巴洛克绘画

佛兰德斯，是西欧一个古老地名，泛指古代尼德兰南部地区。16 世纪，尼德兰人民反抗西班牙统治获得胜利，尼德兰北方诸省成立荷兰联省共和国，南部的佛兰德斯地区仍归西班牙统治。17 世纪以前的尼德兰绘画一分为二，即荷兰绘画（见下文）和佛兰德斯绘画。

17 世纪的佛兰德斯绘画，呈现着巴洛克绘画的华丽风格，与意大利巴洛克绘画不同的是，佛兰德斯画家关注的是上流社会，它描绘的不是民情风俗中沾有泥土气息的美丽，而是宫廷、教会的堂皇富丽，是贵族、富商的华彩。彼时杰出的画家鲁本斯、凡·代克、约丹斯、斯奈德斯等，共同创造了佛兰德斯绘画的黄金时代。

（1）巴洛克绘画王者鲁本斯

鲁本斯（1577—1640），生于德国齐根流亡律师家庭。10 岁返回故乡佛兰德斯的安特卫普，进入宫廷任公主侍童，得以学习拉丁语、法语、西班牙语、意大利语和英语，这为鲁本斯奠定了得天独厚的文化素养。

鲁本斯14岁学习绘画，22岁赴意大利留学。再返宫廷后，任伊莎贝拉公主和阿尔伯特大公的宫廷画师。1609年，鲁本斯为这两位显赫人物所绘肖像画（图5-18、图5-19，比利时1941），已经可见其卓越才华。在任命宫廷画师后的10天，鲁本斯迎娶了安特卫普市政官员之女，18岁的布兰特为妻，这番经历成就了举世闻名的画作《鲁本斯和妻子的画像》（图5-20，卢旺达1973）。该作构图华美，人物潇洒，其奢华服饰及衣着间的精美褶纹显示出巴洛克的写实风格。17年后布兰特病逝。53岁的鲁本斯与16岁的海伦娜·芙尔曼结婚，第二次婚姻再度成就了另一幅举世闻名的画作《海伦娜·芙尔曼》画像（图5-21，安提瓜和巴布达1993）。鲁本斯以热恋之情创作了形象靓丽、年轻娇美的芙尔曼，芙尔曼生育两个孩子，画作《芙尔曼和她的两个孩子》（图5-22，朝鲜1977），还有《画家之子》（图5-23，列支敦士登1976）等多幅力作，都倾注了鲁本斯对妻子儿女感人肺腑的爱恋。

图 5-18

图 5-19

除了家庭生活之外，鲁本斯还绘有宗教、历史、寓言、狩猎和风光等广泛题材。《下十字架》（图5-24，比利时1939）是早期代表作，它描绘信徒们从十字架上

图 5-20

图 5-21

图 5-22

图 5-23

图 5-24

图 5-25

取下基督尸体的情景，鲁本斯采用柔和的人物造型表现信徒小心翼翼的心理活动，以烘托悲怆场面。《圣母与圣徒》（图 5-25，刚果 1977）是宗教题材名作，从该画的局部（图 5-26，比利时 1977），可见鲁本斯所绘信徒的虔诚表情。

1618 年所创作的神话传说题材作品《劫夺柳西帕斯的女儿》（图 5-27，巴拉圭 1977），是鲁本斯的又一个峰巅。作品表现了基奥斯库尔兄弟劫夺柳西帕斯两个女儿为妻的瞬间，人物激情四溢，线条充满强烈的运动感，色彩绚丽，具有佛兰德斯巴洛克绘画的典型风格。类似作品还有《赛克洛普的女儿们》（图 5-28，列支敦士登 1976）、《出浴的巴示巴》（图 5-29，匈牙利 1977，无齿孔）等。1621 年起，鲁本斯用 5 年时间创作了《玛丽亚·梅第奇生平》连幅巨作，《玛丽亚·梅第奇的教育》（图 5-30，巴拉圭 1977）是其中

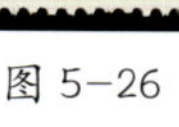

图 5-26

图 5-27

图 5-28

图 5-29

图 5-30

图 5-31

图 5-32

一幅，画中智慧女神教育小玛丽亚时，右侧站着丰满富贵的惠美三女神；另一幅《梅第奇的婚礼》（图 5-31，布基纳法索 1977）也呈现了动感十足的美艳场面。

鲁本斯为后人留下了多幅个人肖像。《自画像》（图5-32，比利时 1977），是鲁本斯自画像之一。他的最后一幅《自画像》（图 5-33，朝鲜 1977），尤受后人关注，经专家研究发现，这幅作品的鲁本斯手腕浮肿，手指呈现类风湿关节炎的畸形状态，研究成果证实了一个悲哀的事实，鲁本斯的许多世界名作是用畸形疼痛的手绘制的。

图 5-33

鲁本斯的作品构图宏大，色彩华丽而富于变化，亮度对比分明，线条曲折柔和，被人们视为佛兰德斯巴洛克绘画的王者。

（2）巴洛克风俗画家约尔丹斯

约尔丹斯（1593—1678），生于佛兰德斯的安特卫普，比鲁本斯小16岁，与鲁本斯先后师从画家诺尔特，后成为鲁本斯的挚友和助手。约尔丹斯接受了卡拉瓦乔的现实主义创作思想，虽然与鲁本斯同铸佛兰德斯巴洛克绘画辉煌，但却选择了与鲁本斯不同的路线。鲁本斯注重贵族，约尔丹斯看重平民；鲁本斯眼睛朝上，约尔丹斯眼睛向下。

约尔丹斯大量作品的题材，均取自于佛兰德斯城市平民和农民的生活，其代表作《国王宴饮》（图5-34，巴拉圭1967），就描绘了民众欢度传统弗拉曼节的盛景。这天每家早餐时选出一个“国王”，这“国王”头顶纸做的王冠，与家人共同饮酒作乐。约尔丹斯的选材取向还可从下面的作品中略见一斑：小型张选用了约尔丹斯的三幅作品：《读书的妇人》《吹笛子的人》《读信的老妇人》（图5-35，比利时1949）；还有《狩猎后》（图5-36，罗马尼亚1970），统统都是佛兰德斯民众的日常生活场景，他以自己的视角勾勒了一幅幅民众风

图 5-34

图 5-35

俗画。

约尔丹斯还创作了一些宗教、神话题材的作品，如代表作《四福音作者》(图 5-37，布基纳法索 197)、《森林神萨迦和宁芙》(图 5-38，巴拉圭 1978)等。

图 5-36

图 5-37

他的《自画像》(图 5-39，比利时 1965)，也如同他一向倡导的思维视角，表现的是自身的平民形象。

图 5-38

图 5-39

作为佛兰德斯巴洛克绘画的践行者，约尔丹斯的油画着墨厚实，色彩鲜艳饱和，用笔流畅；其作品构图多选用近景群像，使众多人物挤满画面，而少于对周围环境的描绘。晚年的约尔丹斯，受巴洛克艺术的负面影响，追求表面华丽，作品的现实主义价值明显衰退。

但是，约尔丹斯那些略带粗野和剽悍的人物形象，那些具有享乐主义的画境，都作为风俗画驻留在美术史中，所以很多史家称他是“风俗画家”。

(3) 巴洛克画家凡·代克

凡·代克(1599 —1641)，生于佛兰德斯的安特卫普丝绸商人之家，自幼显示出绘画才能。21 岁任鲁本斯画室主要助手。其早期作品流露出鲜明的巴洛克创作倾向。

作为鲁本斯的亲传弟子，凡·代克的绘画生涯铺满了辉煌。他在 19 岁时成为独立画家，那时他已经应英国国王查理一世邀请，去伦敦作画。凡·代克在 24 岁时前往意大利旅行，目的是重点研究提香作品的华丽色彩和构图。5 年后，凡·代克回到安特卫普。33 岁时，成为查理一世的宫廷画家。

凡·代克的创作，不乏宗教、圣经、神话题材作品，《圣马丁和乞讨者》

图 5-40

图 5-41

图 5-42

（图 5-40，比利时 1910）、《基督治愈的麻风病人》（图 5-41，比利时 1944）、《狄安娜与萨提罗斯》（图 5-42，巴拉圭 1970）等，均为上述题材的代表作。其中，凡·代克与老师鲁本斯合作的《抓捕参孙》（图 5-43，匈牙利 1977），描绘了《圣经》“旧约篇”中，大利拉谋计引非利士人抓捕力士参孙的情景，非常精彩。

凡·代克以肖像画而著名，在英国居住期间，为查理一世制作了多幅肖像，《狩猎的查理一世》（图 5-44，法国 1999）就是其中一幅。他为贵族、贵妇人所作画像，流传多世，其中的《玛约女士》（图 5-45，古巴 1981）、《手缠绷带的骑士》（图 5-46，保加利亚 1978），均是肖像画代表作。《一家人》（图 5-47，苏联 1970），则为后人留下了他与妻子、孩子的自画像。凡·代克的肖像画，流淌着巴

图 5-43

图 5-44

图 5-45

洛克风格，画中人物均以华丽服装入画，色彩鲜艳。有史家认为，凡·代克是巴洛克盛装肖像的创始者。凡·代克个人的《自画像》邮票（图 5-48），于 1965 年在比利时发行。

图 5-46

图 5-47

图 5-48

3. 荷兰绘画

荷兰，原为西班牙统治下的尼德兰一部分，1649 年独立成国。荷兰的新兴资产阶级成为社会栋梁，其审美需求促进了荷兰民族绘画的独立。自此，荷兰绘画与南方的佛兰德斯绘画分道扬镳。

17 世纪，是荷兰新兴资产阶级的上升时期，也是荷兰绘画的黄金时代。画家们彻底摆脱了对宫廷贵族、天主教会的依附，开始迎合富商巨贾与市民阶层的情趣。此时期的绘画题材除宗教历史和肖像画外，还流行起了风俗画、风景画、静物画、动物画……重要的画家有：哈尔斯、伦勃朗、维米尔、霍赫、麦修等，他们的作品构成了丰富多彩的 17 世纪荷兰绘画全景。

（1）“微笑画家”哈尔斯

哈尔斯（1580—1666），生于佛兰德斯安特卫普，后居住于荷兰哈雷姆。师从荷兰画家曼德尔。哈尔斯着力于创作肖像画，其塑造形体的笔触洒脱而准确，画中人形神兼备，他的风俗画也具有自己独特的画风。

哈尔斯是位不拘小节的艺术家，乐观率性，他嗜酒，因此所画人物或多或少带有醉意微笑，人称“微笑画家”。哈尔斯的肖像画代表作《笛卡儿像》（图 5-49，法国 1937）、《笑着的孩子》（图 5-50，荷兰 1937）、《吹笛子的少年》（图 5-51，民主德国 1980）中，主人公都是欢笑形象，画家以非凡手法捕捉

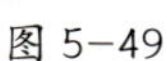
图 5-49

图 5-50

住人物瞬息间的笑容而塑造得栩栩如生。

哈尔斯注重艺术的融合，他所塑造的风俗画，往往带有肖像画元素，同样充满了欢乐爽朗的情调。他的《圣乔治步兵连军官们的宴会》（图 5-52，巴拉圭 1967）画面气氛热烈，具有欢快的感染力；《小提琴手》（图 5-53，匈牙利 1969，无齿票）、《乳母与幼儿》（图 5-54，布基纳法索 1970），也富于愉快情绪。

图 5-51

图 5-52

图 5-53

图 5-54

将快乐奉献给观众的哈尔斯，自己并不快乐。他一生潦倒，屡遭困顿，曾因亏欠肉铺、鞋匠的钱而被诉上法庭；晚年更加拮据，80 多岁时不得不依靠哈雷姆政府救济金活命。在他的《自画像》上（图 5-55，民主德国 1980）已经看不见一丝笑意。

图 5-55

（2）荷兰绘画大师伦勃朗

伦勃朗（1606—1669），生于荷兰莱顿磨坊主家庭。14岁入莱顿大学，17岁赴阿姆斯特丹师从画家拉斯特曼，21岁在家乡开设画室。伦勃朗刻意探索个人创作路径，通过作自画像、家人肖像，研究刻画人物技巧。

伦勃朗的家人都在画中出现过。《母亲肖像》（图5-56，毛里塔尼亚1980）、妻子画像《持红花的萨斯基亚》（图5-57，蒙古1981），不仅洋溢着伦勃朗的温馨爱意，而且能够显示出伦勃朗肖像画的独特技巧，他善于用很暗的背景"托"出人物，以彰显人物性格。他将这种技巧用于其他肖像上，采用明暗对比、用光线塑造形体的手法，如花神（图5-58，苏联1973）等，由此形成了自己的肖像画风格。

图5-56

《杜普教授的解剖课》（图5-59，多哥1968），是伦勃朗的成名作。作品刻画了著名医学教授为一群医生讲授人体解剖课程的情景，这幅作品构图紧凑，笔法严谨，群像神态各异，使他声誉骤起。

图5-57

另一幅名作《夜巡》（图5-60，卢旺达1977），更令人关注，那关注不仅来自作品的艺术气势，而且因为作品曲折的命运。《夜巡》是命题画，应阿姆斯特丹射手公会订货而作，该会是富裕市民所组织的业余

图5-58

图5-59

图 5-60

武装社团，他们有自己的艺术理解，对画作构图提出了具体要求。伦勃朗答应了，但提起画笔后，他的艺术激情澎湃，竟不能遏制，于是按照伦勃朗式的构思，采用接近舞台效果的表现手法，加强画面宏伟的巴洛克气势，描绘了射手们在队长科克指挥下出发的场景。结果呢，射手公会拒收画件。当然，拒收者不会想到，他们拒收了一件世界级珍宝。

图 5-61

伦勃朗还创作了不少宗教、神话题材作品,《基督在埃麦乌斯的晚餐》(图 5-61，喀麦隆 1970)、《达娜厄》(图 5-62，苏联 1976) 等，都被选入了邮票。

伦勃朗是个极为勤奋严谨的画家，他白天画油画，晚上在烛光下作腐蚀铜版画，时常熬到深夜。

图 5-62

图 5-63

铜版画作品《戴高帽子的农夫》(图 5-63，荷兰 1956)、《旅店里的音乐师》(图 5-64，捷克斯洛伐克 1982)，以简练的线条、逼真的人物、巴洛克式的风采，使他获得盛誉；铜版画《自画像》(图 5-65，荷兰 1956）更为独到，主人公脸部沧桑的皱褶，深邃的眼神，凌乱的发须，都在表述人物经历的同时，证明了铜版画特有的魅力。

伦勃朗一生留下600多幅油画，300多幅蚀版画和2000多幅素描，100多幅自画像，可谓盛产名作大师。

图 5-64

图 5-65

（3）荷兰风俗画家维米尔

维米尔（1632—1675），生于荷兰代尔夫特商人之家。其父是丝绸商，兼做美术品生意，环境造就了维米尔的审美取向。21岁成为代尔夫特圣路加公会画师，在当地享有盛誉。

维米尔作品大多为风俗画，取材于市民平凡的日常生活。他喜欢描绘女性的形象和活动，代表作《窗前读信的少女》（图 5-66，民主德国 1955），塑造了一位年轻女子临窗看信的神态，女子似被信中内容吸引，那捧读信件的专注神情十分可爱；维米尔的另一幅《读信的怀孕少女》（图 5-67，布隆迪 1969），表现少妇在室内光照下读信，捧读信件的神情，同样专注和可爱。

维米尔关注各种各样的妇女：劳动妇女、家庭妇女、年轻妇女、年老妇女，将她们或辛苦或悠闲的生活一笔笔描绘进作品。代表作《花边女工》（图 5-68，法国 1982），刻画了一位女工编织花边的劳动状态，那女工侧头专注的神态十分真切；《戴珍珠耳环的少女》（图 5-69，科特迪瓦 2003），描摹了女子

图 5-66

图 5-67

图 5-68

图 5-69

侧身回首似笑还嗔的瞬间，女子所戴珍珠耳环醒目亮丽，其明暗变化细腻逼真；维米尔的《倒牛奶的女人》（图 5-70，卢旺达 1975）、《情书》（图 5-71，布隆迪 1974）等作品，都细致入微地表现了妇女某种神态的刹那，她们的衣服线条柔和，维米尔捕捉住光的微妙变化，并用不同色彩组成和谐的色调。1665 年创作的《画室》（图 5-72，卢旺达 1975）画幅较大，富于气势，小型张选取了作品的局部。

图 5-70

图 5-71

图 5-72

维米尔有 11 个儿女，生活贫困，有时不得不用油画去抵债，致使作品流散严重，至今被认定的只有 36 幅。1675 年，他因参加反对外国军队入侵活动过度劳累，在贫困疾病交加中逝世，终年 43 岁。长期以来，维米尔辉煌的成就总是被人们忽视，直到 19 世纪中期，人们才重新评价他，美术史界公认他是继伦勃朗、哈尔斯之后荷兰又一位大画家，而那时，维米尔已经长睡了两个世纪。

4. 法国绘画

17 世纪，巴洛克绘画源于意大利，兴盛于法国。法国绘画充满了巴洛克风情，只是没有人超越巴洛克绘画的王者鲁本斯，所以有人认为，法国没有真正的巴洛克式的伟大画家。但是，这不影响民众选择巴洛克，当时的法国人，上上下下，都酷爱巴洛克艺术，连服装设计都追求巴洛克式风格。

17 世纪法国路易十四亲政时，宫廷御用画家被迫歌功颂德，因而作品缺乏创新；宫廷外的画家则受卡拉瓦乔影响，以表现下层人民生活的现实主义创作为主，其作品也时而显现巴洛克风格。

这个时期的主要画家有普桑、勒南三兄弟、拉图尔、洛兰、勒布伦等。

（1）古典主义画派代表画家普桑

普桑（1594—1665），生于法国诺曼底地区维来破落贵族家庭。17 岁求师学画，两次漂泊于巴黎。后在意大利诗人马里诺支持下定居意大利。

普桑为获得古典式严谨和谐的构图和造型，在理性思考中作画，渐得声名。他的成就引致法国重视，在路易十三多次召回下，1640 年，普桑不情愿地回到巴黎，任宫廷首席画家，但遭人嫉妒，两年后重返意大利。

普桑作品主要取材于神话、历史、宗教和文学故事。有些作品带有近似巴洛克美术的特征，但与巴洛克不同的是，普桑更注重理性而不是激情，这使他的作品几乎全部蒙上了一层理性思考的光彩，十分耐读。如神话题材作品《阿尔卡迪亚的牧人》（图 5-73，圣文森特和格林纳丁斯 1993），描绘三个牧羊人和女友猜测墓碑上铭文的场面；《维纳斯与勇士》（图 5-74，刚果 1976）、《海神尼普顿的凯旋》（图 5-75，布隆迪 1967）、《唐克列德和爱米尼亚》（图 5-76，苏联 1971）以及风景画《有独眼巨人的波里菲姆风景》（图 5-77，苏联 1984），

图 5-73

图 5-74

图 5-75

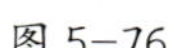
图 5-76

图 5-77

图 5-78

图 5-79

则分别以它们表达的故事与深厚内涵吸引着一代代读者；宗教画《牧羊人的崇拜》(图 5-78，新西兰 1967）看来与意大利文艺复兴时期宗教画相似，传达了自己的认识。普桑作品在重视感性的 17 世纪脱颖而出，普桑倡导的理性和谐的古典主义艺术也令人们神往，然而他的理念也使作品具有脱离现实的倾向。

1965 年，法国为纪念普桑诞生 300 周年发行的邮票为普桑的《自画像》(图 5-79)。

（2）法国风俗画家勒南三兄弟

勒南三兄弟，指长兄安东·勒南（1588—1648），勒南兄弟画室的主持者；老二路易·勒南（1593—1648），成就最大，驰名画界；小弟马蒂厄·勒南（1607—1677），擅长肖像画。

勒南三兄弟生于拉昂，1629 年定居巴黎开设画室。三人在一起作画，有的画上的签名只写勒南字样，致使后人很难区分作品的真实作者。

当时，法国绘画主流是宫廷御用画师歌颂王权的古典主义作品，与其对立的是反映社会下层人民生活的现实主义绘画，勒南三兄弟就是现实主义绘画代表作家。三兄弟生于农村，农民生活留给他们难以磨灭的印象，因而他们长于表现贫苦农民的生活。路易·勒南的《农家室内》(图 5-80，刚果 1976)，刻画了农民一家的生活状态，《吃饭的农民》(图 5-81，法国 1980）是该作的

图 5-80

图 5-81

图 5-82

局部，这位敦厚质朴的老农在用餐，但碟子里没有食物；《吹笛的女孩》（图 5-82，法国 1956）也是该作的局部，可女儿的笛声没有给家庭带来欢乐。由此可知，老二路易·勒南深切地关注着法国最底层农民的不幸。三兄弟的《幸福家庭》（图 5-83，法国 1953），描绘了抱着婴儿洗礼归来的劳动妇女对幸福的憧憬；《卖牛奶的一家》（图 5-84，苏联 1972）、《割草归来》（图 5-85，布基纳法索 1968）等，都通过人物沧桑的肖像，淋漓尽致地刻画了 17 世纪法国农民生活的窘况。

勒南兄弟的现实主义创作引发宫廷古典主义画师的鄙视责难，称他们是“风格卑劣而人物简陋的画家”。现实的悲哀在于，三兄弟在世的作品遭人非议；美术史的幸运在于，100 多年后，画界终于为三兄弟正名，给予了公正评价。

1988 年，摩纳哥发行纪念安东·勒南诞生 400 周年邮票，选用他的作品

图 5-83

图 5-84

图 5-85

图 5-86

《勒南和两个弟弟》（图 5-86）为图。

（3）法国画家拉图尔

拉图尔（1593 —1652），生于法国吕内维尔（洛林）。受卡拉瓦乔影响，但又自成一家，成为洛林颇有名气的画家。

拉图尔是虔诚的基督徒，但他刻意为自己的宗教题材油画，进行了朴素、真实、日常生活化的处理，从而消除了宗教的神秘气氛，使画作场景还原生活。《新生儿》（图 5-87，法国 1966），表现的是基督的诞生，但拉图尔笔下的这位神圣，不过出生在一个普通家庭；《油灯前的马格达丽亚》（图 5-88，巴拉圭 1971）描绘了马格达丽亚的忏悔，这里没有宗教气息，有的是世俗的真切情感。

拉图尔擅长“夜间画”，他对夜光明暗效果的处理达到了尽善尽美境界。《木匠圣约瑟夫》（图 5-89，摩纳哥 1993），是拉图尔“夜间画”里的佼佼者。拉图尔也描绘照耀着阳光的日常生活场景，如《竖琴弹奏者》（图 5-90，贝宁 1972）、《圣托马斯》（图 5-91，法国 1993）、《尼·里卡尔》（图 5-92，法国 1951），以及静物画《水仙花》（图 5-93，不丹 1970，仿油画厚纸压凸印制），

图 5-87

图 5-88

图 5-89

图 5-90

图 5-91

图 5-92

都可见拉图尔非凡的功力。无论表现夜光还是日光下的人物，拉图尔选择的背景都很暗淡，以此烘托主人公的亮丽，这与同期的荷兰画家伦勃朗的作品有异曲同工之妙。

图 5-93

拉图尔生不逢时，当时法国绘画主导势力宫廷御师，极为轻视王权之外的任何画家，包括拉图尔。拉图尔长期被主流社会遗忘，其画作竟被署上勒南兄弟等人的名号。300 年过去，直到 20 世纪 30 年代，美术史家才经鉴别考证，一洗拉图尔的冤屈，从此确立了拉图尔在绘画史上应有的地位。

图 5-94 是拉图尔的《自画像》（法国 1957）。

图 5-94

5. 西班牙绘画

15 世纪，西班牙以发达的航海业令世界刮目。到 17 世纪时，西班牙的政治、经济颓败不堪，但文化艺术领域却异军突起，涌现了塞万提斯、维加等著名作家，胡尼、费奥南德兹等雕塑家以及圣特雷萨等神学家，呈现一派辉煌灿烂之景。

17 世纪的西班牙绘画葱郁繁茂，代表画家有：里贝拉、委拉斯开兹、苏巴朗、牟利罗、卡诺等。其中，委拉斯开兹居于西班牙绘画界峰巅，其作品具有世界意义。

（1）平民——宫廷画家委拉斯开兹

委拉斯开兹（1599 —1660），生于西班牙塞维利亚没落贵族之家。自幼喜爱画画，12 岁入埃里拉画室，后转入画家巴切柯门下。巴切柯赏识委拉斯开兹的才华，将其介绍给奥里瓦列斯伯爵，当奥里瓦列斯担任总理大臣后，委拉斯凯兹的宫廷画家生涯便开始了。

委拉斯开兹的早期作品，大多是反映平民生活的风俗画，如《卖水人》（图 5-95，布隆迪 1967）、《早餐》（图 5-96，匈牙利 1968，无齿票），均以浓

图 5-95

图 5-96

郁色彩将明暗形成鲜明对照，来表现底层平民的日常生活。1623年，委拉斯开兹担任宫廷画家后，为国王作画，创作了诸如《菲利普四世》（图 5-97，罗马尼亚 1969）之类的王公肖像。但委拉斯开兹却心系百姓，与王公肖像形成鲜明对比的，是他的《醉汉们》（图 5-98，西班牙 1959）等作品，他以此刻画富有乡土气息的西班牙农民，表明他委拉斯开兹既为王公服务，又坚持自我的创作道路。

图 5-97

图 5-98

鲁本斯在西班牙期间，很看重委拉斯开兹，劝他到意大利学习。委拉斯开兹得到国王允许，1629 年，他 29 岁时赴意大利。委拉斯开兹不虚意大利之行，尤其是威尼斯画派色彩的理论，使他受益终生。回国后，委拉斯开兹奉宫廷之命，绘制表现西班牙军队战胜荷兰城市布列达反抗的历史壁画《布列达的降服》（图 5-99，西班牙 1959）。

委拉斯开兹的肖像画，蜚声欧洲。作为宫廷画家，他为贵族画了许多肖像，《卡洛斯王子骑马像》（图 5-100，利比里亚 1969）是代表作。难得的是，委拉斯开兹恪守画家的良心，力求画出自己眼里的人物性格。他第二次在意大利所作《教皇英诺森十世肖像》（图 5-101，布隆迪 1968），

图 5-99

图 5-100

图 5-101

图 5-102

图 5-103

形如真人，淋漓尽致地刻画出凶相毕露、贪婪狡诈而又威严的权贵形象。

委拉斯开兹晚年的创作达到了极佳境界。他所绘的裸体画《镜前的维纳斯》(图5-102，巴拉圭1975)，造型流畅，色彩明亮；他的巨幅画《宫娥》(图5-103，马达加斯加1999)，在描绘宫廷生活片断中，加入了自己的形象，更令人叫绝。《宫娥》中，画面左侧是手持画笔的委拉斯开兹，中央镜子中反射出等待绘画的国王和王后，小公主玛格丽达闯入宫廷，左侧宫娥向公主跪献食物，右侧宫娥向公主行提裙礼，画作惟妙惟肖地捕捉住了这一瞬间，画中委拉斯开兹的《自画像》(图5-104)，被展现在西班牙1959年的邮票上；他的

图 5-104

图 5-105

《纺织女》(图 5-105，西班牙 1959)，也是晚期作品，真实反映了宫廷之外的女工生活，保持了他惯有的艺术魅力。

（2）画家兼教育家牟利罗

牟利罗（1617—1682），生于西班牙塞维利亚。15 岁丧失双亲，为抚养弟妹，凭刻苦自学的绘画才能，卖画到马德里，为同乡前辈委拉斯开兹所赏识。牟利罗获得画家声誉后，返回故乡塞维利亚。43 岁创办塞维利亚艺术学院，这为他从事艺术教育提供了天地。

牟利罗绘画受法兰德斯和威尼斯画派的影响，作品显现巴洛克风格。牟利罗绘画的题材有两类，一类是描绘市民生活和儿童的风俗画，另一类是宗教题材绘画。

图 5-106

在描绘市民生活和儿童的风俗画作品中，可见牟利罗平民思想，其作品普遍带有现实主义批判色彩，影响较大。在代表作《吃甜瓜和葡萄的孩子》(图 5-106，纽埃 1979）中，两个天真可爱的孩子一边叫卖一边津津有味地吃水果，表现了牟利罗渴望孩子温饱无忧的理想；被许多国家邮票采用过的《牧童》(图 5-107，巴拉圭 1976)，以及《数钱的孩子》《玩骰子》(图 5-108、图 5-109，西班牙 1960 年发行)、《拿水果的少

图 5-107

图 5-108

图 5-109

图 5-110

女》(图 5-110，苏联 1971)，都具有牟利罗童年生活的影像，那亮丽色彩的运用、线条的匠心处理，都表现了牟利罗对西班牙平民阶层子女现实生活的极大关注。

在宗教题材作品中，牟利罗以大量圣母画表现了自己的风格。他的《圣母升天》(图 5-111，苏联 1985)，刻画了牟利罗式的圣母形象，她的秀美、温柔与母性的博大，都使人能够联想到牟利罗的教育思想。牟利罗的教育思想鲜明前卫，他提倡写实，反对模仿，面向自然，为西班牙绘画的发展起到了不容低估的作用，

1960 年，西班牙为“邮票日”发行的邮票选用了牟利罗绘画，其中 1 枚是牟利罗的《自画像》(图 5-112)。

图 5-111

图 5-112

六

18世纪欧洲绘画

图 6–1　法国洛可可画家格罗兹（1725—1805）《弹吉他的狩猎者》

18 世纪，工业化的强劲步履，踏遍了欧洲。没有人能把历史腰斩为两截，文化艺术迅速裂变，资产阶级美学观念与没落贵族取向交织，此消彼长（图 6–1 ～图 6–5）。

在法国，路易十四时代的宫廷古典主义走向衰败，法国艺术出现转折。贵族们力图坚守自己的时代，表现贵族享乐的洛可可绘画风行，代表画家为华托、布歇。洛可可画家没能看出封建贵族从经济到政治全面让位给资产阶级的历史必然。与之对立的反映资产阶级观念的市民美术迅速兴起，代表画家是夏尔丹。

图 6–2　威尼斯画派家隆吉作品具洛可可画风（1702—1785）《给玉米粥》

图 6–3　德国新古典主义画家蒂施拜因（1751—1829）《哥德在卡姆伯尼》

图 6–4　法国新古典主义画家格罗（1771—1835）《雅法的瘟疫》

图 6–5 英国浪漫主义画家康斯特布尔（1776—1837）《干草车》

此时的法国绘画领域，还有以大卫、安格尔为代表的新古典主义风生水起。它对面，是一股跨国的新兴画派势力，以西班牙的哥雅，德国的弗里德里希及法国席里柯、德拉克洛瓦为代表的浪漫主义画派，已经势不可挡。

欧洲绘画的中心改变了滑行轨迹。一个艺术之国已经崛起，另一个艺术之国正在衰落。意大利只剩了独步画坛的威尼斯画派，这个画派重振雄风，以新颖的洛可可风格与风景画再度引欧洲刮目，但已经不能挽回意大利的昨日辉煌。法国人的美好岁月开始了。每个国家都在巴黎驻有美术顾问，以负责绘画作品的订件，或为本国选聘法国画家讲学指导；各国画家也为登临巴黎深造而骄傲。

1. 洛可可绘画与市民绘画

18 世纪初，法国兴起“洛可可”风。所谓洛可可（Rococo），初指路易十五时期用贝壳、石子等做假山的室内装饰，后来，石子或贝壳做的装饰变形为纹样花饰，这种装饰样式即为洛可可。

这种体现在建筑上的洛可可，后来被引入绘画领域。它从内容到技法，完全适合即将退出历史舞台的封建贵族及时行乐的需求，作品无需现实主题，色彩豪华富丽。当超越了其他洛可可画家的华托出现以后，洛可可绘画开始走向深沉。洛可可绘画流行于 18 世纪，但不能完全代表 18 世纪美术。与夏尔丹为代表的市民画派悄然诞生。

（1）法国洛可可画家华托

华托（1684 —1721），生于法国瓦伦西恩村泥瓦匠人之家，自幼做小工，14 岁随有绘画才能的村公所书记习画，19 岁前往巴黎杂货店打工，后在戏剧布景画家科罗特画室做助手。25 岁考入画院，29 岁成为美术院会员，此后涉入巴黎上流社会。

图 6-6

华托时常出现在贵妇人沙龙里，视野从平民移向贵族。贵族的洛可可式欣赏趣味流动到华托笔下，华托以柔和的色彩描摹着行将崩溃的享乐世界，以梦幻般的氛围传达淡淡的忧郁气息，正是他透露出的这种短暂欢乐的夕阳韵味，使他避免了浅薄，将作品思想导向深入。他的《发舟西苔岛》（图 6-6，格林纳达 1993），描绘了三姐妹决定乘舟去往幸福之乡西苔岛的故事，画面具有田园牧歌式情调，人物处于梦境般风景中，远处待发的金色船帆之后，可依稀见到西苔岛峰影；《弹吉他的小丑》（图 6-7，马尔代夫 1970）、《弹琴的女子》（图 6-8，法国 1973）等多幅弹琴取乐的场面，都再现了贵族优雅高贵的夕阳生活；《任性的女人》（图 6-9，苏联 1972），细腻地刻画了贵族男女打情骂俏的情景；《冷漠的人》（图 6-10，贝宁 1971），根据从意大利召来的时髦喜剧演员形象所创作，主人公很有贵族范儿；《波兰少女》（图 6-11，1967），从人物背部描绘贵族时装的华丽；其代表作《丑角》（图 6-12，摩纳哥 1971）更将法国贵族消闲生活

图 6-7

图 6-8

图 6-9

图 6-10

的画面展示得淋漓尽致，那些在园林中席地而坐的贵族男女正以观看丑角表演打发时光。华托使人们看到，贵族欢乐背后是危机。

华托打造了自己的艺术天下，他的名声显赫，收入颇丰，贵族以与他相识为荣，他也以跻身贵族社会为幸。1949 年，法国的“名人”邮票收入了华托的《自画像》（图 6-13），画中华托头戴假发、尽显贵族气质。可惜，长期营养不良和繁重劳动已经使华托染上肺病。华托的另一幅素描《自画像》（图 6-14，罗马尼亚 1971），可见其形象憔悴。华托决定告别巴黎，可他行将返回故乡之际，突然发病离世，年仅 37 岁。

图 6-11

图 6-12

图 6-13

图 6-14

（2）法国洛可可画家布歇

布歇（1703 —1770），生于巴黎图案画师之家。早年随勒穆瓦纳习画，后入版画家卡尔工作室。20 岁赴意大利罗马留学 4 年，回到巴黎后，被接纳为皇家学院院士，时年 31 岁。

布歇声誉大振，受到贵妇沙龙的接纳。布歇在沙龙里结识了知名学者、政治家、诗人、音乐家、画家，由此深谙贵族欣赏趣味。

布歇追求美，喜欢用法国洛可可式的技法绘图，那些为装饰宫廷和贵族府邸而作的神话故事绘画，特别是女神的裸体画，都能彰显他的艺术风格。如《维纳斯的凯旋》（图 6-15，卢旺达 1974）、《狩猎归来的狄安娜》（图 6-16，

图 6-15

法国 1970)、《三女神》(图 6-17，巴拉圭 1970)、《出浴的狄安娜》(图 6-18，巴拉圭 1971)、《彼戈马丽昂和加拉吉亚》(图 6-19，苏联 1984)等画中的人物，都展示了裸体形象的高洁亮丽；而《伦奥德和阿尔米德》《春天》(图 6-20、图 6-21，刚果 1970)，则以男女亲昵情景，表现贵族缠绵的享乐。布歇采用了华美艳丽的色彩，以挽歌情怀重笔彩绘着法国最后的贵族，使人们感受到宫廷贵族脂粉气下的哀怨情思。

布歇是一位勤奋的画家，他的风俗画、风景画、肖像画均有很高的造诣。他还画过歌剧的布景，在工艺美术设计方面也颇有成就，他画过壁挂织物的图样，还为路易十五的情人蓬帕杜夫人设计女服和装饰品，颇得蓬帕杜夫人赞许。

作为法国洛可可的代表画家，布歇的才华是出类拔萃的，他作画快捷，有时不用对景写生，只朝物像瞥上一眼即可下笔。

图 6-16

图 6-17

图 6-18

图 6-19

图 6-20

图 6-21

（3）英国洛可可画家庚斯勃罗

庚斯勃罗（1727—1788），生于英国萨福克郡，父亲是羊毛商，母亲是花卉画家。13 岁赴伦敦接受早期美术教育，18 岁成为当地知名肖像画家。1768 年当选皇家美术学院院士时，他 41 岁，已是功成名就。

庚斯勃罗最长于作肖像画，被人称为“英国洛可可式肖像画家”。他的早期代表作《安德鲁斯夫妇》（图 6–22，尼加拉瓜 1978），可见其不凡功力。作品将安德鲁斯夫妇置于大自然背景中，描绘了绅士那目空一切的神态、夫人自傲的表情，运用了洛可可式的浓彩着色。庚斯勃罗为迎合贵族欣赏口味，渐渐形成一种自由而精细的肖像画风格，竟成为皇家新宠。

图 6–22

在肖像画中，庚斯勃罗画得最多的是贵妇人盛装肖像。庚斯勃罗练就了一番功夫，可以从任意角度将人物描画得惟妙惟肖，还可以绘出贵妇人沉着冷傲的姿态、高贵风雅的气质，以此成就了英国式的洛可可肖像画风格。如《谢菲尔德夫人像》（图 6–23，厄瓜多尔 1967）、《巴赛利夫人》（图 6–24，尼加拉瓜 1978）、《道格拉斯夫人》（图 6–25，美国 1974）、《蓝衣夫人》（图 6–26，苏联 1984），都从不同角度展示了贵妇人各自的神采，以各种浓艳色彩搭配着她们的衣饰。

图 6–23

庚斯勃罗的代表作《女演员希顿夫人》（图 6–27，巴拉圭 1975），最可见庚斯勃罗的英国式洛可可肖像画风格。希顿夫人是当时伦敦著名演员，庚斯勃罗不仅以精细笔触描画其庄重仪表和秀美容貌，而且使用大蓝、大

图 6–24

图 6–25

图 5-26

图 6-27

图 6-28

绿、大黄颜色勾画衣饰，以大红颜色作背景，使整幅画看起来美艳夺目，正符合对女明星的夸张处理。

庚斯勃罗讲究创新，他对《女演员希顿夫人》的头饰、裙领都使用了鲜艳的蓝色。当时，与庚斯勃罗齐名的官方画家雷诺兹说过："蓝色不能在画中占主要地位"。庚斯勃罗则有自己的用色之道，他故意用蓝色画像，《蓝衣少年》（图 6-28，巴拿马 1967）正是他的名作。

（4）洛可可收尾画家弗拉戈纳尔

洛可可时代是在弗拉戈纳尔脚下终止的。弗拉戈纳尔（1732—1806），法国画家。生于法国格拉斯商人家庭，曾就学于布歇和夏尔丹，后留学意大利，学得威尼斯画派提埃波罗轻快有力的画风，31 岁返回巴黎，成为皇家学院院士。

图 6-29

作为洛可可绘画的法国最后画家，弗拉戈纳尔在大势已去的贵族社会中，无限缅怀贵族风光，代表作《偷吻》（图 6-29，苏联 1984）、《加冕》（图 6-30，刚果 1970），以纤细柔和的线条，展现路易王朝贵族男女轻艳奢侈的生活；《读书的女子》（图 6-31，法国 1972）、《上音乐课》（图 6-32，卢旺达

图 6-30

图 6-31

图 6-32

图 6-33

1969）、《读信》（图 6-33，布隆迪 1968），也以灵活流畅的笔法，一一记录了贵族女子悠闲的日常生活。

图 6-34

图 6-35

弗拉戈纳尔在贵族题材之外，还描绘了孩子的肖像。《画家的女儿》（图 6-34，法国 1962）是弗拉戈纳尔对女儿的写生；另 1 幅《扮作丑角的孩子》（图 6-35，法国局部），也刻画了男孩的童趣。与早期洛可可绘画相比，弗拉戈纳尔已经在某些作品中将浓彩改为淡色，两幅画均可见弗拉戈纳尔倾泻的爱心。这 2 枚邮票加盖“CFA”限在留尼汪岛使用。

（5）市民代表画家夏尔丹

夏尔丹（1699—1779），法国画家。生于巴黎木雕工匠家庭，自幼喜画。后赴学院派画家卡兹画室学习，又在科伊佩尔画室作过短期助手。29 岁被推举为美术院会员。

夏尔丹，这位与华托、布歇同时代的画家，在洛可可绘画盛行欧洲时，他表现出了不屑洛可可风潮的勇气，成为 18 世纪中叶法国资产阶级仰仗的画家。

夏尔丹敬慕荷兰画家的静物画。他的作品中，对市民家庭水果和用具等静物的写生，占了重要地位。《葡萄和石榴》（图 6-36，法国 1997）、《音乐的象征》（图 6-37，利比里亚 1969）、《笔墨》（图 6-38，美国 1974），都是夏尔丹

图 6-36

图 6-37

图 6-38

静物画代表作。在《音乐的象征》那间安静的内室中，光线从右上方窗户打在乐器、乐谱上，物件质感逼真，富于动感，宛然“不静之物”。

18 世纪 30 年代，夏尔丹开始创作风俗画。他反对洛可可和宫廷古典主义绘画的虚构和臆造，看出贵族男女不得不退隐的悲哀，而倾力表现下层市民。《洗衣妇》(图 6-39，苏联 1971)、《削萝卜的女人》(图 6-40，卢旺达 1973)、《午饭前的祈祷》(图 6-41，苏联 1974) 等，都捕捉住市民日常生活的某个场面，以描绘出新兴市民的真实情景。

图 6-39

夏尔丹也关注儿童生活,《玩陀螺的男孩》(图 6-42，刚果 1976)，将男孩专注把玩陀螺游戏的场面，刻画得细致入微。

夏尔丹与时俱进，其创作体现了工业化成果，他的《火漆封》(图 6-43，法国 1946)，描绘了当时邮寄的情景。火漆是由松香制成的封固邮件用的材料，加热将其熔

图 6-40

图 6-41

图 6-42

涂在邮件封口，画中人正在小心翼翼地进行操作。

夏尔丹晚年多病，70多岁时开始用色粉笔作画。作于1775年的《自画像》（图6-44，法国1956）是夏尔丹晚年留下的作品。

图 6-43

图 6-44

2. 意大利威尼斯画派的振兴

当法国兴起洛可可风时，意大利还在流行17世纪传统的巴洛克天顶壁画。意大利人意识到了危机，知名画家隆吉、里契、皮亚泽塔、提埃波罗等齐聚威尼斯，他们吸收洛可可元素，注重描绘美丽风光，倒也为威尼斯画派重振雄风。但无可奈何花落去，意大利如日中天的艺术鼎盛时期毕竟已成为历史。

（1）威尼斯画派画家里契

18世纪的意大利威尼斯画派有两个里契，一位是塞巴斯蒂亚诺·里契（1659—1734）；另一位是马尔柯·里契（1676—1729），塞巴斯蒂亚诺·里契的侄子、门生。本书说的是前者，即塞·里契。

塞·里契，擅长壁画、风景画、祭坛圣像画创作，他的作品构图新颖，色调明丽，富于动感，多以古希腊神话为题材。作于1725年的《酒神巴卡斯和阿利亚德娜》（图6-45，捷克1988），取自古希腊神话，描绘了酒神巴卡

图 6-45

图 6-46

图 6-47

图 6-48

斯在爱琴海纳尤斯岛解救阿利亚德娜的场面，小型张边纸上部是作品全图，下面的 2 枚邮票取自局部，小型张用雕胶版印制，画面精细镌美；《维纳斯与森林之神萨提尔》（图 6-46，匈牙利 1970），也出自希腊神话故事，表现森林之神萨提尔被维纳斯美貌吸引，禁不住在她熟睡时偷看的情景；《沐浴的芭士芭》（图 6-47，匈牙利无齿孔小型张 1968）、《梅尔多和安吉利卡》（图 6-48，罗马尼亚 1968）2 枚邮票上的作品，也都取自希腊神话故事，表现男欢女爱之情，具有装饰性幻想意味。

里契的绘画，对 18 世纪的威尼斯风景画和装饰性绘画影响深远。

（2）威尼斯画派画家提埃波罗

提埃波罗（1696—1770），生于意大利威尼斯，父亲是商人兼船主，家境宽裕。早年随装饰画家拉扎里尼习画，形成雄伟奔放的装饰风格。21 岁在威尼斯画家公会登记开业，画室兴旺。提埃波罗生有 9 个孩子，其中多米尼科和洛伦佐成为他的助手。

作为振兴威尼斯画派的集大成者，提埃波罗充分借鉴洛可可元素，构图大胆，色彩清新，画面亮丽。他富于激情，绘画速度很快。他习惯用钢笔或水彩勾勒人或物概貌，以备来日创作。

提埃波罗长于绘制肖像，《弹曼陀林的女子》《被惊扰的雷纳多和阿尔梅

图 6-49

达》、《抱鹦鹉的女子》三连票的左右2枚，均可见画家制作肖像的功力非凡（图6-49，圣马力诺1970）。

提埃波罗也以绘制宗教题材画取胜，他的两幅绘画《逃往埃及》《圣母聆听圣徒祈祷》（图6-50、图6-51，匈牙利1984），都被布达佩斯美术馆收藏，后经历被盗、失而复得的曲折。他的壁画《太阳神在奥林匹斯山》（图6-52，巴拉圭1968），尤以想象丰富而被后人称道。

1750年，54岁的提埃波罗应邀赴德国维尔茨堡，为格来芬克劳大公的宫室天顶、墙壁作画，他的两个儿子做助手。画作有《巴巴洛萨的婚礼》《哈罗德主教授职》等，作品的表达技巧达到提埃波罗艺术顶峰。1996年，德国为保护这些壁画特发行1枚邮票，票图是壁画的局部（图6-53）。

图 6-50

图 6-51

图 6-52

图 6-53

3. 新古典主义画派

继 17 世纪宫廷古典主义绘画百年之后，又一个流派艺术降生了，史称新古典主义。1789 年法国资产阶级大革命爆发之前，法国画家大卫从意大利返国，创建了新古典主义画派。

新古典主义追求古罗马美术凝重、精确的传统，承袭古罗马的美术形式。与衰落的巴洛克、华丽的洛可可绘画不同，新古典主义把视觉艺术引回到朴素实在的境界。新古典主义代表借复古以开今的美术潮流，代表着新的美学观念。代表人物除大卫以外，还有安格尔、格罗等。勒布伦夫人虽然算不上新古典主义代表，但作为同时期著名画家，她对古典主义的坚守与创新也有自己的追求。

（1）新古典主义画派代表画家大卫

大卫（1748—1825），法国画家。生于巴黎中产阶级家庭，18 岁入皇家美术学院学习，27 岁赴罗马留学。受意大利文艺复兴绘画浸染，追求古典美术。回国后积极参加大革命并任雅各宾党要职。此间代表作是《荷拉斯兄弟之誓》（图 6-54，刚果 1968），作品描绘传说中的古罗马荷拉斯家族，荷拉斯送三个儿子奔赴战场宣誓的情景。该作契合了当时法国大革命主题，鼓舞着人们为共和、自由而斗争。

在大革命高潮时期，大卫不必从历史题材中去寻找英雄，他身边到处是英雄。《马拉之死》（图 6-55，越南 1981），就是他的杰作。马拉是雅各宾党领导人之一，被反动派暗杀在浴盆后 2 小时，大卫赶到现场，为马拉画了头像，并据实创作了这幅画。

图 6-54

图 6-55

雅各宾党遭镇压后，大卫入狱又出狱，之后创作了《萨宾尼女人》（图 6-56，刚果

图 6-56

图 6-57

图 6-58

1976），作品流露出大卫后期思想：妥协、容忍。拿破仑执政后，授予大卫首席画家称号，大卫离开革命，创作了多幅歌颂拿破仑的作品。《拿破仑像》（图6-57，贝宁 1969）作于 1799 年拿破仑上台之时；《拿破仑在圣贝纳尔险坡上》（图 6-58，卢旺达 1969）表现拿破仑立马于山丘的瞬间，拿破仑对此画非常满意，让大卫又复制了两幅；《加冕》（图 6-59，喀麦隆 1969），再现了 1804 年在巴黎圣母院举行的拿破仑为皇后约瑟芬的加冕仪式，画作场面宏大，气势磅礴，达官显贵近百人，个个迥异。

大卫后期还为新权贵绘有肖像画，1800 年创作的《雷卡米埃夫人》（图6-60，卢旺达 1982）为代表作。作品表现了法国大银行家夫人身穿古典衣裙赤脚躺在雅致的古典式床上的情景，它的艺术成就，高于拿破仑肖像。

作为新古典主义

图 6-59

图 6-60

图 6-61

画派的创造者，大卫坚守朴素实在的画境，摒弃洛可可绘画的奢华，别开新风。大卫的《自画像》（图 6-61）是 1950 年法国发行的。

（2）法国画家勒布伦夫人

维瑞·勒布伦（1755 — 1842），生于巴黎美术家家庭，自幼习画，24 岁成为凡尔赛宫画师。她与画商勒布伦的结合，使她鉴赏了更多古典绘画。1789 年法国大革命爆发时，勒布伦夫人在意大利等地旅行，不受革命影响，一直平静作画。1809 年归国，87 岁时卒于巴黎。

勒布伦夫人的政治态度，使她的绘画不受革命时代新兴艺术浸染，其绘画风格，是在古典主义基础上加进洛可可的娇媚成分。她的作品，除早期宫廷肖像外，大多描绘妇女和儿童。《画家与女儿》（图 6-62，卢旺达 1975）是她自画像的代表作，勒布伦夫人从镜中看见女儿抱着自己脖颈的姿态，大为感动，立即画了这幅画，她的感动传递给了无数观众，画中母女的亲昵和美貌博得社会各阶层的喜爱，这幅作品被多国邮票采用；《抱孩子的画像》（图 6-63，法国 1953）和《自画像》（图 6-64，法国 2002）是勒布伦夫人多幅自画像中的 2 幅；《写信的妇人》（图 6-65，布隆迪 1968）、《多阿内·达盖索肖像》（图 6-66，罗马尼亚 1969）、《少女像》（图 6-67，巴拉圭 1967），都以肖像画显示了勒布伦夫

图 6-62

图 6-63

图 6-64

图 6-65

图 6-66

图 6-67

人深厚的古典主义艺术功底。

（3）新古典主义画派继承者安格尔

图 6-68

安格尔（1780—1867），法国画家。生于法国蒙托邦，其父是蒙托邦皇家美术院院士。安格尔自幼受到美术音乐熏陶，17 岁进入大卫巴黎画室，但没有继承大卫的革命思想。后两次赴意大利，任那里的法兰西美术学院院长。安格尔尊崇拉斐尔，1824 年创作的《路易十三的誓约》（图 6-68，巴拿马 1968），在形式上完全模仿拉斐尔的《西斯廷圣母》。1825 年，即大卫客死他乡那年，

安格尔成为皇家美术院院士，被看作学院派领袖。

图 6-69

图 6-70

安格尔画作多为宗教、神话、贵族肖像等内容，画前依学院派程序作各个角度的写生，像《贝尔坦肖像》（图 6-69，圣文森特和格林纳丁斯 1993）这般准确表现一位办报人个性的画作几乎绝无仅有。他依圣经、神话题材创作的作品，如希腊神话《朱比特和泰提斯》（图 6-70，巴拉圭 1976）、《奥迪帕斯与狮身人面像》（图 6-71，贝宁 1967）、《利米尼和玛拉杰斯塔》（图 6-72，毛里塔尼亚 1967）、《奥德赛》（图 6-73，毛里塔尼亚 1968）等，

图 6-71

图 6-72

均可见他那圆润流畅的线条与扎实的素描功力，虽然恪守学院派严谨死板的格调，但技法之细腻、描写之精严无人可及。

安格尔平生追求纯洁淡雅之美，视古典美术与拉斐尔作品为最高典范，他的裸体画《泉》(图 6-74，摩纳哥 1980) 以绿色的背景烘托少女的青春健美，清澈的泉水映出少女的纯洁；对《大宫女》(图 6-75，圣文森特和格林纳丁斯 1993)，当时评论家认为大宫女后背过长，但安格尔学生诠释了老师的追求：拉长的腰背表现了女子体态的柔美，正反映安格尔掌握了形式美的规律。

图 6-73

图 6-74

图 6-75

图 6-76

安格尔活到 87 岁,《自画像》(图 6-76，贝宁 1967) 是他 24 岁时所作。

4. 浪漫主义画派

浪漫主义画派，是欧洲资产阶级民主革命时期兴起的流派，适逢法国波旁王朝复辟年代。该画派不满时政，力求摆脱学院派和古典主义束缚，迫切希望解放自己的个性，自由创作。浪漫主义画派作品的题材多取自现实生活、中世纪传说、文学和音乐名著，特点是笔法奔放，色彩热烈。尽管安格尔等新古典主义画派与浪漫主义画派为敌，但还是不能阻止浪漫主义席卷欧美画坛的艺术大潮。浪漫主义画派代表画家有西班牙的哥雅，德国的弗里德里希，法国的席里柯、德拉克洛瓦等。

（1）浪漫主义宗师哥雅

哥雅（1746—1828），西班牙画家。生于西班牙萨拉果撒小村庄，家境贫寒，自幼喜爱作画，14岁入执教严格的卢桑画室学画。23岁出走意大利，回国后为皇家纺织厂绘制壁毯画稿。此间创作了表现西班牙各阶层生活的作品，《阳伞》（图6-77，西班牙1958）展现了贵族妇女生活的安逸，图6-78（巴拉圭1978）是这幅画的局部特写，可见贵妇人娇媚神态；《瓷器市场》（图6-79，西班牙1958）表现地摊小商贩忙碌的情景，这些作品都反映了哥雅浪漫主义绘画的雏形。

图6-77

1789年，西班牙国王任命哥雅为宫廷画师。哥雅的浪漫主义情结得到张扬。生性喜好讥讽的哥雅并不想塑造高雅贵族，他在给阿尔巴侯爵的宠姬作画时，悄悄绘制了具有向宗教挑战意味的《裸体的玛哈》（图6-80，西班牙1930），为防备迫害，哥雅还画了《穿衣的玛哈》（图6-81，布隆迪1968），据说前者受到宗教裁判的质问，这两幅富于传奇色彩的作品，被多国邮政搬上邮票。

图6-78

哥雅也创作过许多富于个性、真正堂皇的肖像画，如《女演员扎拉特》（图6-82，帕劳2007）、《波赛尔》（图6-83，巴拉圭1978），来自不同社会阶层，但都具有时代

图6-79

图6-80

图6-81

图 6-82

图 6-83

图 6-84

色彩，作品中传神的眼眸，衣着白纱、黑纱的质感，令人难忘。他笔下的儿童天真无邪，《玛利亚尼托·哥雅》（图 6-84，纽埃 1979）是他为孙儿的写生。

19 世纪初，拿破仑入侵西班牙，喜好幻想的哥雅不再采用隐喻手法，他以历史见证者身份表现马德里人民反抗侵略的义举，其中油画《1808 年 5 月 3 日》即《枪杀》（图 6-85，保加利亚 1996），以枪杀瞬间爆发的恐怖、绝望、憎恨等情绪，再现了当时人民可歌可泣的流血斗争场面，成为弘扬浪漫精神的黄钟大吕之作。

图 6-85

经历亡国之苦后，哥雅心情忧闷孤独，晚年丧妻，加上耳聋，故闭门不出，画了许多幻想、隐喻、离奇、怪诞的作品。《魔女安息日》（图 6-86，多哥 1976）可见一群丑陋的巫女挤占着全部画面，隐喻着西班牙统治者的狰

图 6-86

图 6-87

图 6-88

狞面貌。哥雅的晚年作品寄托了对未来的希望,《铁匠铺》(图 6-87，巴拉圭 1969)、《磨刀匠》(图 6-88，匈牙利 1968)、《汲水的女人》(图 6-89，越南 1990)，都以健美淳朴的劳动者形象，表达了哥雅追求的理想。

哥雅画了多幅自画像，其中,《哥雅肖像》(图 6-90，西班牙 1958)，与其同时代画家洛佩斯共同创作。

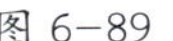
图 6-89

图 6-90

（2）浪漫主义风景画家弗里德里希

弗里德里希（1774—1840），德国画家。生于德国格赖夫斯瓦尔德企业主家庭。14岁师从“学院派画师”习建筑绘画，20岁赴哥本哈根学院攻建筑素描，后结识龙格等浪漫主义画家及诗人，走上浪漫主义艺术道路。

弗里德里希反对古典主义绘画抹杀画家个性的思想，其作品构思富于诗意，迷恋那些“诗意盎然的景象”，如荒原、古寺、落日、月夜、森林等，使笔下风景隐现一种神秘色彩。弗里德里希1819年创作的《情侣赏月》(图6-91，联邦德国1974)是代表作，其月色朦胧的色彩确实富于诗意美;《海边风景》《德累斯顿郊外的猎场》《易北河景色》(图

图 6-91

图 6–92

图 6–93

图 6–94

图 6–95

6–92、图 6–93、图 6–94，民主德国 1974）、《冬天里的三棵树》（图 6–95，民主德国 1967），都是写实风格与象征意义结合的作品，是天地万物与心灵世界交融的结晶。

图 6–96

图 6–97

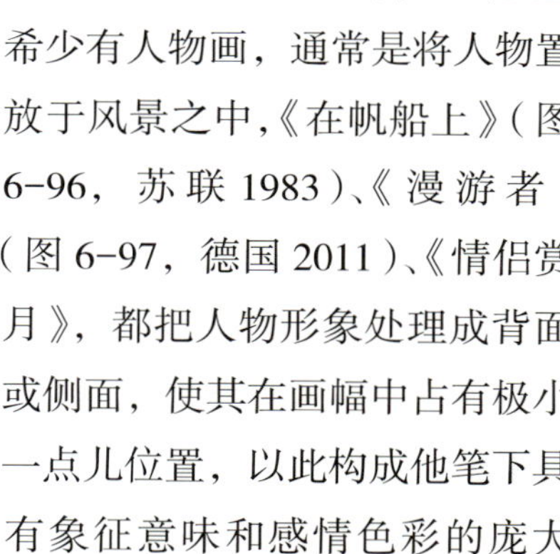

弗里德里希少有人物画，通常是将人物置放于风景之中，《在帆船上》（图 6–96，苏联 1983）、《漫游者》（图 6–97，德国 2011）、《情侣赏月》，都把人物形象处理成背面或侧面，使其在画幅中占有极小一点儿位置，以此构成他笔下具有象征意味和感情色彩的庞大世界。

图 6–98

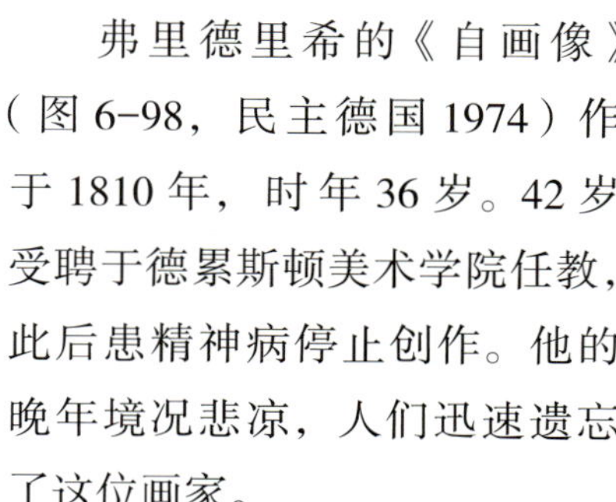

弗里德里希的《自画像》（图 6–98，民主德国 1974）作于 1810 年，时年 36 岁。42 岁受聘于德累斯顿美术学院任教，此后患精神病停止创作。他的晚年境况悲凉，人们迅速遗忘了这位画家。

（3）浪漫主义画家席里柯

席里柯（1791—1824），法国画家。生于法国鲁昂律师家庭。17岁师从画马名家韦尔内，19岁入盖兰画室，与德拉克罗瓦相识。

图 6–99

席里柯21岁创作的《轻骑兵军官》（图6–99，法国1962）荣获金质奖章，它表现了人和马急剧运动的一瞬，战马嘶鸣，战刀出鞘，着力渲染了动荡紧张的氛围；于1814年在沙龙展出的《受伤的重骑兵》（图6–100，圣文森特和格林纳丁斯1993），也以炽烈的激情描绘了骑兵的战斗。

席里柯最负盛名的作品是《梅杜萨之筏》（图6–101，阿尔巴尼亚1974）。它表现了一件真实的海难。1816年，法国巡洋舰“梅杜萨号”满载400多名海员、官兵及其他乘客去塞内加尔，途中军舰搁浅不能自拔，船长和高官抢乘救生船逃命，剩下的150多人，被抛弃在用桅杆和船板绑起来的“筏”上，人们在海上漂泊了13天，在恶浪、饥饿中垂死挣扎，以致精神失常相互残杀。最后只有5人生还。法国政府严密封锁消息，幸存者船医萨维尼、工程师高里埃将海难过程印成小册子公之于世。

1817年，席里柯访问了两位幸存者，调查了筏子的材料和构造，以全力投入创作。他的《梅杜萨之筏》，展示了筏上人因饿而毙，幸存者

图 6–100

图 6–101

图 6-102

拼出最后力气，挥舞红布向远处轮船呼救的情景，表达了画家对人类命运的关注和人道主义精神，它所展示的悲剧性浪漫主义因素，弥散在筏子那有限空间中，表现在对遇难人强烈感情和紧张氛围的处理中，其色彩明暗的强烈对比，更加重了令人窒息的悲剧力量。1819 年，该作在沙龙展出，引发人们激烈论战，但不管怎么说，《梅杜萨之筏》被誉为法国浪漫主义绘画宣言巨作，是当之无愧的。

1824 年，席里柯因从马上坠落受伤不愈而辞世，年仅 33 岁。

1974 年，阿尔巴尼亚发行纪念席里柯的邮票，其中有席里柯的《自画像》（图 6-102）、油画《赛马出发》（图 6-103）、石版画《带狗的人》（图 6-104）。《埃普索姆赛马》（图 6-105，卢旺达 1970）等。

图 6-103

图 6-104

图 6-105

（4）浪漫主义画家德拉克罗瓦

德拉克罗瓦（1798—1863），生于法国沙朗通—圣莫里斯外交官家庭。18 岁入美术学院盖兰画室，在此与浪漫主义先驱席里柯相识相知，并深受其影响。

德拉克罗瓦富于浪漫主义激情，他以情感洋溢的形象、悲剧性的张力，对人类苦难的描写，开辟着法国绘画浪漫主义的道路。他于 1824 年创作的《希奥岛上的屠杀》（图 6-106，刚果 1970），表现了 1821 年希腊反抗土耳其侵略遭到屠杀的场景，引发画坛轰动，进步画家大加赞赏，保守派攻击为“绘画的屠杀”；他的《米索朗吉昂废墟上的希腊女人》（图 6-107，希腊 1968），也持反侵略立场，展现了希腊人民苦难的悲剧力量。

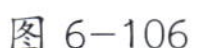
图 6-106

图 6-107

德拉克罗瓦目睹了法国人民推翻波旁王朝的七月革命，故以《自由引导人民》（图 6-108，卢旺达 1882），表现了自己的政治见解。这幅极富浪漫主义色彩的代表作，描绘自由女神一手高举三色旗，一手握枪，引导人们踏着保皇党尸体向前冲锋的壮举。这幅作品被许多国家的邮票采用。1989 年孟加拉国把《自由引导人民》的草图印在小型张上（图 6-109），使人们了解这幅名画的创作过程。

图 6-108

德拉克罗瓦还画了很多取材于历史或莎士比亚、哥德、拜伦等文学家作品的画作，如《十字军攻占君士坦丁堡》（图 6-110，刚果 1970）是把历史、宗

图 6-109

图 6-110

教、苦难结合在一起的作品，图 6-111（法国 2002）是该作的局部。德拉克罗瓦还擅长风俗画、动物画、风景画、静物画、肖像画以及书籍插图等，他 40 岁所绘《自画像》(图 6-112，法国 1951)，表现了富于浪漫主义想象的自我；他喜欢交友，1838 年所作《肖邦像》(图 6-113，波兰 1960)，刻画出了肖邦的才智和多思善感的形象；他的动物画也具有浪漫主义热情，所画虎、豹、狮子细腻逼真,《雄狮》(图 6-114，刚果 1973）是其中的 1 枚。

图 6-111

图 6-112

图 6-113

图 6-114

七

19 世纪欧洲绘画

19 世纪的欧洲美术史，似乎对法国情有独钟。在这里，浪漫主义、巴比松画派、写实主义、印象主义，一波未平，一波又起；在这个世纪中期，写实主义美术普遍出现在欧洲等地，到 19 世纪后期，以莫奈、雷诺阿等画家发起的印象主义又迅捷登临，它的源头在法国，瞬间就滚动到全欧、美洲、亚洲，成为划时代的艺术流派。东欧走着自己的路。1871 年起，俄国巡回展览画派高举起现实主义大旗，每年定期举办画展，列宾、苏里可夫等巨匠作品的思想艺术才华，体现了势不可挡的气势（图 7–1 ～图 7–4）。

图 7–1　法国巴比松画派成员特罗容（1810—1865）《黄昏牧归》

图 7–2　法国印象派画家西斯来（1839 —1899）《摩来西赛船》

图 7–3　美国印象派画家卡萨特（1844 —1926）《划船聚会》

图 7–4　俄罗斯巡回展览画派画家萨符拉索夫（1830 —1897）《白嘴鸟飞来了》

图 7-5　罗马尼亚画家安德列斯库（1850—1882）《巴比松的冬天》

历史如此奇妙，印象主义画派和俄罗斯巡回展览画派，双峰对峙，造就了 19 世纪末期欧洲美术的灿烂风光。

还要说到那些沉默了很久的国家。19 世纪民族解放运动的蓬勃开展，使受到外族压迫、经济落后的诸如罗马尼亚、匈牙利、捷克、波兰等东欧国家，振兴了民族艺术，涌现出伟大画家（图 7-5 ～图 7-8）。

图 7-6　匈牙利画家巴拉巴斯（1810 —1898）《森林女孩》

图 7-7　捷克画家马奈斯（1820 —1871）《约瑟芬皇后》

图 7-8　波兰画家盖尔松（1831—1901）《浴》

1. 法国巴比松画派

在新古典派与浪漫派相对峙的时候，有一群厌倦于论争的画家，陆续聚集向巴比松。巴比松是距巴黎 50 千米的枫丹白露森林附近的小村庄，画家们抛弃学院派虚构的风景画程式，在这里写生，人们称为“巴比松”派。领头人是卢梭，主要成员有特罗容、丢普勒、杜比尼等。其中，颇负盛名的柯罗常去巴比松写生，米莱常住巴比松。尽管巴比松派画家是“一人一派”，各有特色，但就“巴比松”画派而言，他们都忠实再现自己生活的这片土地，用直接写生的方式展现大自然的原始风貌，从这个意义上讲，是他们启发了后来的印象主义风景画家。

（1）巴比松画派风景画家柯罗

柯罗（1796—1875），生于巴黎绸缎商家庭。最初师从古典派画家贝尔丹，后赴罗马留学。26 岁入米沙伦画室。29 岁赴意大利旅游写生，3 年回国后，常去枫丹白露森林写生。

柯罗"面向自然，对景写生"的创作宗旨，被巴比松画家广为接受。他具有独特的个人风格，不喜阳光直射的白昼风光，而愿绘制山野中带有诗意的早晚风景，所以，他的风景，总似乎是处于半梦幻的烟雾迷离境界之中。1864 年创作的《莫特枫丹的回忆》（图 7-9，不丹厚纸凸印 1974），最具这种特点：近景耸立着枝叶茂密的树丛，远景朦胧可见湖水、小树，画面不见阳光，而用棕灰表现幽暗的色调；《芒特的桥》（图 7-10，法国 1977）、《纳尔尼的桥》（图 7-11，法国 1995）也保持了他那种诗一般韵味的风格；2007 年法国发行的"名画"不干胶小本票中，有 1 枚取柯罗的《傍晚的空气》（图 7-12），该作也选取傍晚时分，具有恬淡的抒情气息。

柯罗的人物肖像画也很出色，《侄女》（图 7-13，南斯拉夫 1987）是其中 1 幅；《自画像》（图 7-14，尼日尔 1968）选取了他作画的姿态，另一幅《自画像》（图 7-15，摩纳哥 1996）则是标准半身肖像。

图 7-9

图 7-10

图 7-11

图 7-12

图 7-13

图 7-14

图 7-15

柯罗，这位与法国文豪巴尔扎克同时代的人，虽然长期远离大时代主潮，但后来却加入革命行列，与库尔贝、杜米埃同被选为巴黎公社艺术委员会委员。

今天的柯罗风景画，价格高昂，但当年却少有人购买，据说柯罗常常向父亲讨要生活费。

（2）法国农民画家米莱

米莱（1814—1875），生于法国诺曼底瑟堡农家，18 岁学画，后得到瑟堡市议会资助入巴黎美术学校。米莱有 6 个孩子，生活的拮据迫使他举家移居到巴比松村，曾接受柯罗、卢梭的资助。

1848 年，米莱第一幅表现农民劳动的《簸谷的人》(图 7-16，法国 1971）在沙龙展出，就此脱颖而出。

米莱的乡间作品，画着自己的本性，画着农民的生活，但却受到激烈攻击。《拾穗》(图 7-17，布隆迪 1967)，描绘了 3 个农妇在麦田里捡拾散落麦穗的场景，被认为是“暴露穷人不拾落穗就无法活下去”，是具有煽动性的社会主义者作品。

《拾穗》后来被多国邮票选用，其中利比里亚 1969 年发行的《拾穗》(图 7-18）是反图，有人认为系制版失误造成，也有人认为是为避免版权纠纷。米莱的《纺织女》(图 7-19)、《打谷》(图 7-20)、《割亚麻》(图 7-21）三幅描绘劳动场面的作品，被多米尼克 1969 年纪念“国际劳工组织 50 年”邮票采用。

图 7-16

图 7-17

米莱的艺术里，渗透着亲切质朴

图 7-18

图 7-19

图 7-20

图 7-21

的感情，其作品人物形象敦实，衣饰简朴，常被处理在逆光之中。《晚钟》(图 7-22，不丹厚纸凸印 1974)，表现了一对农民在傍晚教堂的钟声中为逝去亲人祈祷的情景，感人至深；素描《喂孩子的女人》(图 7-23，保加利亚 1975)，以吹汤勺的细微动作展现了母亲的爱心；静物《雏菊》(图 7-24，马里 1968)，也被赋予了生命的活力。

图 7-22

图 7-23

图 7-24

2. 法国写实主义画派

19 世纪中叶，法国。战胜了封建贵族的资产阶级，反转过来镇压民众。

画坛上，新古典主义和浪漫主义渐趋没落。画家中的有识之士将目光转向劳动者。他们如实描述着社会的种种不公，真实地表现普通人和他们的生活。

写实主义搅动了整个欧洲，代表画家为杜米埃和库尔贝。

（1）法国讽刺画家杜米埃

杜米埃（1808—1879），生于法国马赛玻璃匠家庭。早年曾学素描、石版画。一生贫困，幼年起学徒，当过石印工、售货员，曾经坚词拒绝拿破仑三世授予的荣誉勋章。当1871年巴黎公社诞生时，杜米埃积极参与起义，被选入公社艺术家协会。68岁双目失明，终止了创作生涯。

图 7-25

杜米埃不仅是民主主义革命者，也是漫画大师。杜米埃22岁参加法国左翼报刊的漫画宣传，以石版漫画揭露时代弊端，嘲笑王政，而被处以半年监禁。他的《克里斯潘和卡斯潘》（图7-25，法国1966），嘲讽了律师和辩护人的肮脏交易，把丑恶的形象刻画得入木三分。

杜米埃才华横溢，创作了近千幅油画、水彩画、素描，4000幅石版画，以及60多件小型雕塑。杜米埃从写实出发，记录着当时法国社会生活的每个瞬间，他的油画《二等车厢》（图7-26，罗马尼亚1966）、《洗衣妇》（图7-27，吉布提1969），表现了两个迥异的场景，真实地刻画了不同经历人们的生活处境；版画《回忆》（图7-28，保加利亚1979），以简洁的线条描绘着一位老人回忆往事的情景，令人心酸；《剧场的售票窗口》（图7-29，法国2008），将鼠洞般的窗口与拥挤的购票人群形成鲜明对比，以揭示百姓的生活状况。

图 7-26

图 7-27

图 7-28

杜米埃在世时，少有人认识他的价值，生活潦倒时得到柯罗资助。为了纪念杜米埃，法国 1961 年的“名人”邮票以杜米埃的画像和他的石版画《庸俗市侩》（图 7-30）为图。

图 7-29

图 7-30

（2）法国写实画家库尔贝

库尔贝（1819 —1877），生于法国比山松地区小地主家庭。早年在比山松学法律，20 岁赴巴黎改攻绘画。库尔贝热衷于革命，领导巴黎公社艺术家协会工作，公社失败后流亡国外，58 岁逝世于瑞士。

库尔贝摒弃浪漫主义幻想色彩，以清醒的态度反映现实，不喜欢讲述有关历史、神话、宗教题材的故事，当有人订购天使画时，他说了一句流传后世的名言：“我从没见过天使，所以我不会画它。”

库尔贝主张艺术真实，着力描绘下层人民生活，他的作品《浴女》（图 7-31，马里 2011），表现的是犹如劳动妇女般健壮丰满的形象，当国王拿破仑三世在 1853 年巴黎画展上见到库尔贝式浴女时，竟愤怒地挥舞马鞭抽画。

库尔贝主张民主，反对强权势力，库尔贝 1854 年创作了《路遇》（图 7-32，法国 1962），画中的库尔贝背着画箱遇见布鲁亚，布鲁亚向他脱帽致敬，身后的绅士也很谦卑，库尔贝则不屑一顾。库尔贝自己解读这幅画为“你们贵族和地主应当向我表示敬意和问候”。

图 7-31

图 7-32

库尔贝的写实主义杰作《现实的寓意，在某个方面决定了我七年艺术生涯的画室的内部》，因画名太长，人们简称《画室》（图 7-33，贝宁 1969，图 7-34，塞内加尔 1977），其两票画面均为局部，

图 7-33

图 7-34

作品描写宽阔的画室中间库尔贝正在作画，画室一方是他以前画过的工人、小商人、掘墓人、僧侣等所有阶层的人物；另一方站着的是他的友人波德莱尔、蒲鲁东等人。库尔贝以近似照相的写实手法表现了他的思想、生活和整个社会。

图 7-35

图 7-36

库尔贝创作范围广阔，在肖像画和风俗画等领域也有卓越成就，肖像画《漂亮的艾琳》（图 7-35，塞内加尔 1977）、风俗画《角力》（图 7-36，匈牙利 1969，无齿孔），都可从人物的自然形态上窥见他严谨的画风。法国 1958 年的“名人”邮票，有 1 枚是库尔贝的《自画像》（图 7-37）。

图 7-37

3. 印象主义画派

1874 年，巴黎。法国几位敢于创新的无名青年举办画展。一个记者指着展品《日出·印象》轻蔑地说：“这简直是印象主义画展！”谁都没有想到，历史上声名赫赫的印象主义画派就此得名。

印象主义画派继承着库尔贝等前辈面向现实生活的创作态度，使绘画进一步脱离了讲述历史、神话、宗教故事的传统方式，主张走出画室，捕捉物象色彩在阳光下的瞬间变化。他们在技法上进行了革新，研究出用外光描绘物象的方法。

当印象派绘画挺进到整个欧洲时，法国艺术又有分化，诞生了新印象派；新印象派后，出现了后印象主义。在印象派、新印象派、后印象主义的延续发展中，法国绘画形成多元特征，其影响遍及欧美，从而引起世界绘画形式的大变革。

（1）印象主义之父莫奈

莫奈（1840 —1926），生于巴黎店商家庭。最初受教于画家布丹，22 岁入巴黎格莱尔画室，与雷诺阿、西斯莱同窗。他们对抗学院派教育，去往巴比松写生，参加青年画家的咖啡馆聚会，聚会者后来成为印象派的核心人物。

莫奈早期作品《花园中的妇女》（图 7–38，法国 1972），可见杰出的色彩画家马奈的影响。画中穿着法式拖地长裙嬉戏的女人中，有后来成了他妻子的模特卡米伊。莫奈作《卡米伊肖像》（图 7–39，罗马尼亚 1970）时，卡米伊还不到 20 岁。

图 7–38

图 7–39

1874 年巴黎画展陈列《日出·印象》，遭到记者讥讽。《日出·印象》（图 7–40，乌兹别克斯坦 2001），描绘了画家的故乡勒阿弗尔港的日出景象：红日冉冉升起，霞光映海水，天水朦胧一色，水色天光的变化跃然画面。就在那次画展之后，《日出·印象》成为莫奈的代表作，也成为印象派的代表作。

图 7–40

莫奈天生对自然的喜爱，使他顺理成章地成为一个风景画家。他画了许多表现江河、港口、帆船的风景画，如《亚加杜帆船赛》（图 7–41，刚果 1974）、《翁弗勒港口的小船》（图 7–42，罗马尼亚 1974）、《阿让特伊的桥》（图 7–43，乌兹别克斯坦 2001）、《圣达特勒斯阳台》（图 7–44，卢旺达 1980）、《雪景》（图 7–45，摩纳哥 1990）等作品，都展示了莫奈对光与色关系探索的成果；《在花园里》（图 7–46，尼维斯 2007），表现了阳光穿过树叶的缝隙，洒落在草坪花丛上引起的色彩变化，细腻而耐人寻味。

图 7-41

图 7-42

图 7-43

图 7-44

图 7-46

图 7-45

莫奈热衷于对光的探索，他根据早、中、晚时间，根据季节的变幻，观察阳光在植物上的投影。他的《花卉》（图 7-47，巴拉圭 1970），表现了光线对花朵之间色彩的影响；他对光色追求达到完美境界的《睡莲》（图 7-48，局部，法国 1999），表现了日光、月光，以及雨中睡

图 7-47

图 7-48

莲的不同光彩效果。

莫奈以其 86 岁的漫长人生，始终如一地将热情倾注在创作上，因此被人尊为“印象派之父”。印象派画家雷诺阿为他作了《莫奈画像》（图 7–49，摩纳哥 1991），以示崇敬。

图 7–49

（2）印象派奠基人马奈

马奈（1832 —1883），生于巴黎法官家庭。18 岁师从古典主义画家库退尔，后游历德国、意大利、荷兰和比利时。马奈倾向革命，曾任巴黎公社艺术家联盟委员。

图 7–50

马奈于 29 岁展出的《西班牙吉他演奏者》（图 7–50，马尔代夫 1970）崭露头角；31 岁在“落选沙龙”中展出的《草地上的午餐》（图 7–51，法国 2007），引发人们争议。马奈以对两位衣冠楚楚的绅士和一位全裸女性在林中草地野餐情景的描绘，以阳光透过绿叶草地照射到裸妇身体上的肤色反映，以绿色主调替换传统绘画棕褐色调的手法，表现了一种新鲜画派的即将诞生。

图 7–51

马奈不像写实派库尔贝那样拒绝历史、神话、宗教题材，可是有着自己的叙述方式。他的《奥林匹亚》（图 7–52 小型张，几内亚比绍 2003），选择了奥林匹亚这个古希腊众神栖息的圣地，把维纳斯画成妓女，旁边衬以法国妓院常雇的黑奴，马奈表现的是两个人物和背景相互影响形成的色彩关系。无疑马奈再度成为人们争议的焦点，但得到作家左拉的支持。1868 年，马奈为挚友左拉作《左拉肖像》（图 7–53，卢旺达 1973），画中有画，左拉的写字台上方挂着《奥林匹亚》的复制品。

马奈喜欢描绘巴黎人的生活，《沙发上的马奈夫人》（图 7–54，法国 1962）、

图 7-52

图 7-53

图 7-54

图 7-55

《穿白裙的贵妇人》(图 7-55，匈牙利 1969)、《瓦伦西亚的罗拉》(图 7-56，马尔代夫 1971)这些肖像画以及静物画《瓶花》(图 7-57，刚果 1884)，都表现了光和色彩的关系。

马奈为日后印象派的崛起，付出了多年艰辛铺垫。他的名作《吹笛少年》(图 7-58，卢旺达 1969)，作于 1866 年，少年上衣黑白对比强烈，红色的裤子是中间色，三色和谐；晚年代表作《弗里—贝舍尔的酒吧间》(图 7-59，不丹，卡纸压凸

图 7-56

图 7-57

图 7-58

1972），可见女招待身后镜子里，映出她的背部和灯光闪烁的酒吧间，在这里，色彩在光的照耀下悠长深远。

图 7-59

图 7-60

马奈因创作所累病倒后，不得不切除一条腿，但还是未能挽救生命。他作为印象派的奠基人，永远受到人们的景仰。1952 年，法国“名人”邮票选择了马奈的画像（图 7-60）。

（3）印象派画家德加

德加（1834—1917），生于巴黎银行家家庭。中学毕业后入美术学校，22 岁赴意大利，醉心于古典绘画。19 世纪 60 年代与马奈过往密切，常参加印象派画家集会，但画家们在 1876 年第二次展览会上自称印象派之后，德加就离开了这个群体。由于他的画具有印象派精神，故仍将其归入印象派。

德加自 1865 年起转向现代题材和肖像画创作。最初，他对赛马感兴趣，画了不少赛马场面的油画，《赛马的骑士》（图 7-61，卢旺达 1970）是其中一幅。后来，他又以极大兴致描写芭蕾舞女、排练场，他细心观察演员瞬间激烈的动作，捕捉光、色的微妙变化，《手持花束的舞女》（图 7-62，法国 1970）舞女一手持花束，一手提裙谢幕，舞台脚灯的灯光由下至上照在她的裙子和脸上，映出的是灯光色彩；《舞台上的芭蕾舞女》（图 7-63，马尔代夫 1971）是彩色粉笔画，表现的也是这种灯光效果；《芭蕾舞蹈教室》（图 7-64，

图 7-61

图 7-62

图 7-63

图 7-64

图 7-65

图 7-66

图 7-67

摩纳哥 1974)、《三个舞蹈演员》(图 7-65，南斯拉夫 1984)、《坐着的芭蕾舞女演员》(图 7-66，刚果 1974)、《化妆的舞女》(图 7-67，卢旺达 1980)、《芭蕾舞演员们》(图 7-68，朝鲜 1984，小型张边纸为《赛马场》局部)等作品，一一描写了舞蹈演员们听课、练功、化妆、休息等各种场面，色彩随场面的光照而变化。

德加擅长用默写来记录感受，像描绘了浴后女子后背的《梳发女子》(图 7-69，苏联 1984)，看来是写生，实际却是德加凭超群记忆而绘制。德加没有描绘女子正面形象，因为印象派不大想揭示人们的内心世界，而更加注重于对斑斓光彩的描绘。

1960 年法国的“名人”邮票，选取了德加的肖像及其雕塑《14 岁的小舞蹈演员》(图 7-70)。

图 7-68

图 7-69

图 7-70

（4）印象派画家雷诺阿

图 7-71

雷诺阿（1841—1919），生于巴黎利摩日裁缝家庭。少年时代起以画瓷器、画屏风帮助维持家用，后入巴黎格莱尔画室，与莫奈、西斯莱同窗。他们去巴比松写生，理解和感受大自然中的光色效应。《比萨杰风光》（图 7-71，罗马尼亚 1974），可见他当时清淡色彩的风格。

1874 年印象派画家举办第 1 届展览会，雷诺阿以其《包厢》（图 7-72，摩纳哥 1974）引人关注。这幅画根据他在剧院里的“印象”，在画室里摆模特儿画成。盛装贵妇的模特儿叫洛比丝，手拿望远镜的绅士，由雷诺阿兄弟作模特儿。雷诺阿成功地描绘了剧院的色彩氛围。雷诺阿不注重表现社会问题，而是描绘欢愉场面，除《包厢》之外，还有《布日瓦尔舞》（图 7-73，马尔代夫 1971）、《荡秋千》（图 7-74，法国 1991）等。

雷诺阿的肖像画展示了印象派风格的魅力，《萨马莉夫人》（图 7-75，苏联 1970）是法国著名演员萨马莉的写照，其色彩柔和，淡紫色背景烘托出萨马莉优雅高贵的气质；《维莱尔先生和夫人》《戴玫瑰的卡布瑞拉》（图 7-76，法国小型张 2009），是两幅肖像画名作；《戴草帽的少女》（图 7-77，刚果 1974）中，橘红色以不同的色调铺满画面，热烈有序。

雷诺阿出身平民，平易近人，他对模特儿从不过于挑剔，《模特儿像》（图

图 7-72

图 7-73

图 7-74

图 7-75

图 7-76

图 7-77

图 7-78

7-78，法国 1968）的真实写生，体现了他对模特儿的尊重。

雷诺阿塑造的儿童、妇女形象，也颇负盛名。他的《女孩像》（图 7-79，瓦利斯和富图纳 1991）逼真生动；他的《浴女》（图 7-80，不丹卡纸压凸 1972）和《浴女》（图 7-81，赤道几内亚 1975），着重表现人体的饱满，形象结实、丰腴，用光用色奇巧。

雷诺阿晚年患风湿病，难于作画，临终时还紧握画笔。法国 1955 年的“名人”邮票，选择了雷诺阿的肖像（图 7-82）。

图 7-79

图 7-80

图 7-81

图 7-82

（5）印象派画家毕沙罗

毕沙罗（1830—1903），生于西印度群岛犹太富商家庭。曾入巴黎梅尔比画室学习，是唯一参加了印象派 8 届画展的画家。因年纪最长，似印象派之家家长，故被尊称为“印象派的摩西”。

图 7-83

毕沙罗喜欢描绘法国农村景象,《菜园小径》（图 7-83，法国 1981）、《村口》（图 7-84，摩纳哥 1974）、《鲜花盛开的果园》（图 7-85，罗马尼亚 1974）、《初雪》（图 7-86，巴拉圭 1969）等，都可看出毕沙罗对色调和形式美的渲染。

图 7-84

毕沙罗注重对各种风格的探索，在《村落冬天的印象》（又叫《红房顶》图 7-87，利比里亚 1969）中，尝试运用塞尚式的稳重、坚实的笔触代替他原有细碎的笔触，色彩也类似塞尚式的冷暖过渡，色块铺垫得厚实。

图 7-85

图 7-86

图 7-87

毕沙罗善于将人物形象置放在风景中刻画，他的《园艺》（图 7-88，多哥 1970）、《农妇》（图 7-89，保加利亚 1991），采用了稳定的构图，厚重的笔触和强烈色彩，使光、色服从于空间的结构。1885 年左右，他结识了修拉和西涅克，对他们的点彩画法感兴趣，作品《少女珍妮》（图 7-90，罗马尼亚）即用点彩画法而作，后来感到此法不随意而放弃。

图 7-88

图 7-89

图 7-90

（6）新印象派画家修拉与西涅克

1880 年以后，将印象派的光色理论推向深化的，是修拉与西涅克。他们严禁将各种色彩混合在调色板上作画，提倡以原色的小色点来处理色彩，以呈现出颜色、色调并列产生的混合效果。这种点彩画远看有整体感，近看是密密麻麻的色点。人们称之为新印象派，也称点彩派。

修拉（1859—1891），生于巴黎宗教家庭。19 岁入巴黎勒曼画室学习，21 岁探求点彩法，研究光的效果理论。当时莫奈已经不时运用点彩手法，修拉将这种更新进行得更为彻底。

修拉代表作《大碗岛上的星期日下午》（图 7-91，卢旺达 1980），描绘了巴黎大碗岛上游人在阳光下欢度星期天的情景。修拉画了 20 余幅预备性素描和将近 20 幅油画稿，又历时 1 年“点”圆点，才完成巨作。画面色点彼此交错呼应，近看，那些聚集在河滨树林间休息的人们模糊不清，稍远处看，物体的形状就显现了出来。修拉这幅晚期作品体现了他一生的美学思想和艺术技巧。

图 7-91

图 7-92

《马戏团》（图 7-92，法国 1969）、《黑色的蝴蝶结》（图 7-93，法国 1991）也反映了修拉作品的特征。修拉的点彩法，具有革新意义，创造了新境界，但由于过多注重理性，多少埋没了画家的激情和个性。摩纳哥 2009 年的邮票以修拉肖像为图（图 7-94）。

修拉于 32 岁早逝，他给保尔·西涅克以很大影响。

西涅克（1863 — 1935），生于巴黎。初学建筑，17 岁观看莫奈画展后改学绘画，21 岁与修拉结为至交，成为新印象派的倡导者和组织者。36 岁完成理论著作《从德拉克洛瓦到新印象主义》。

西涅克的周游经历，使他酷爱海港风景题材，在代表作《红色的浮标》（图 7-95，法国 2003）中，他将阳光色点撒满了一河。如果说修拉是用非常细小的笔点表现沉着纤细感觉的话，那么，西涅克就是用相当大的笔点随意放置色点，以产生动感。

图 7-93

图 7-94

图 7-95

新印象派的点彩画法，将早期印象派的色彩表现手法发展到极致，但失去了印象派热烈奔放的画风。20 世纪初野兽派在法国画坛崛起，新印象派逐步走向衰落。

（7）后印象画家塞尚

后印象主义是继印象主义画派之后，一些画家倡导和实践的绘画现象。后印象主义没有形成画派，他们主张绘画要渗透作者的感情和情绪，塞尚是其中主将。

塞尚（1839 — 1906），生于法国艾克斯小镇富裕家庭。青年时学过法律，与同乡左拉为至交。23 岁入巴黎的瑞士画室学习，结识毕沙罗。经左拉介绍与马奈、雷诺阿等画家交往。曾向 1874 年第一届印象派画展提交 3 幅作品，向第二届画展提交 16 幅作品。

图 7–96

塞尚在吸收印象派技法的同时，更注重实体感和结构，后来脱离印象派另辟蹊径。塞尚一反传统绘画呈现在人们眼中的三维空间物像，而寻求从自然秩序中引出的形式结构。他的人物画、风景画、静物画都颇有影响。在《玩纸牌的人》（图 7–96，法国 1961）中，可见二人中间的酒瓶成为全画的中心轴，构图平衡对称，两个人物形象鲜明，叼烟斗的神态自如，右边的则神态紧张。塞尚画了 5 幅《玩纸牌的人》，卢旺达 1980 年的邮票选的是其中 1 幅（图 7–97）。

塞尚总是抱着研究的态度作画，下笔很慢，除了妻子，没有人愿意给他作模特儿，所以人物画不多，《少女像》（图 7–98，罗马尼亚 1974）、《穿红上衣的妻子》（图 7–99，圣文森特 1995），都是精工细作的产物。

他画得最好的是风景画和静物画，如《庭院》（图 7–100，摩纳哥 1989）、《风景》（图 7–101，喀麦隆 1981），吸取了印象派的外光画法，但景色苍劲沉着；《静物·水果》（图 7–102，圣文森特 1995）、《瓶花》（图 7–103，瓦利斯福

图 7–97

图 7–98

图 7–99

图 7–100

图 7–101

图 7–102

图 7-103

图 7-104

图 7-105

图 7-106

图纳 1981），则可见出他那分解物体结构手法的悉心表述。

塞尚主张“用圆柱体、球体、圆锥体来描绘对象”，如《洗澡的妇女们》（图 7-104，法国 2006），就在绘画中使用简化了的几何形体描绘物像，而使人物与树木发生变形。

塞尚的革新精神，使他成为现代主义诸画派的先驱，被称为“现代艺术之父”。1939 年法国纪念塞尚诞生百年发行邮票，以他的《自画像》（图 7-105）为图。展示在乌姆盖万 1967 年邮票上的《自画像》（图 7-106），是他 40 岁时的相貌。

（8）后印象画家高更

高更（1848—1903），生于巴黎。童年在秘鲁度过，丧父后随母返回法国。曾作海员、证券经纪人。迷恋印象画派后，通过毕沙罗踏入印象派艺术领域，曾参加 1880—1886 年的印象派画展。

高更 43 岁那年，不满印象派画风，用拍卖 30 幅画的钱到南太平洋法属的塔希提岛，与处于原始状态的岛民一起生活，并娶了土著姑娘为妻。高更画了大量反映岛民生活习俗和表现该岛旖旎风光的风景画，如《黑猪》（图 7-107，匈牙利 1969）等，在这里，高更尝试的色彩平涂法的风格也日益成熟。

图 7-107

塔西提岛归法属波利尼西亚群岛所辖，借此机缘波

图 7-108

图 7-109

图 7-110

利尼西亚邮政于 1949 年最早把高更绘画《什么时候出嫁？》置入邮票（图 7-108），稍后是《白马》（图 7-109，波利尼西亚 1953），2 枚票均由法国用雕刻版套色精美印刷。此后高更作品不断显现在各国邮票上。《两个塔希提妇女》（图 7-110，民主德国 1967）和波利尼西亚 1958 年的《两个塔希提妇女》（图 7-111）是两幅作品，画面有区别。《金色的胴体》（图 7-112，波利尼西亚 1981）、《沐浴的少女》（图 7-113，南斯拉夫 1984）勾勒出塔西提人健康粗野的美。《欢愉》（图 7-114，法国 1968）、《手持塔希提斧的男子》（图 7-115，波利尼西亚 1983）、《拿芒果的女人》（图 7-116，苏

图 7-111

图 7-112

图 7-113

图 7-114

图 7-115

图 7-116

联 1970）、《今天不去市场》（图 7-117，波利尼西亚 1973）、《朝拜玛利亚》（图 7-118，科克群岛 1981）反映了岛民的日常生活和宗教信仰。

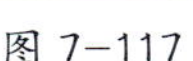
图 7-117

图 7-118

1893 年他在巴黎举办了“塔希提人”画展，以色彩的平涂法，在色调的运用上倾向融合为单一的调子，取得综合性的效果。然而画展没有效益，没有经济收入。两年后他再度返回塔希提岛，岛上生活的不如意，健康的恶化，经济的拮据，丧女的不幸，使他自杀未遂。得救后画了一幅传世杰作《我们来自何方？我们是谁？我们走向何方？》（图 7-119，波利尼西亚 1985），以象征主义手法表现了他内心的苦闷和空虚。

高更具有强烈的个性，语言刻薄，玩世不恭，既惹人讨厌，又招人喜欢，粗鲁和高雅并存。《高更像》（图 7-120，波利尼西亚 1965）刻画出他的性格。

图 7-119

图 7-120

（9）后印象画家梵高

梵高（1853—1890），生于荷兰津德尔特牧师家庭。曾作矿区传教士。27 岁学画，33 岁赴巴黎，结识西涅克、高更、劳特累克和其他印象派画家。梵高终身贫困，一生坎坷，屡遭失恋刺激，精神长期处于紊乱失常状态。37 岁那年，开枪自杀。

梵高喜爱使用未经调和的色彩，而不是他所看到的视觉形象，来表现真实情感。那种富有感情的流动的线条，还有物像透视、形体和比例的变形的画作，都显示了梵高与印象派画家的区别。

图 7-121

图 7-122

图 7-123

梵高长期生活在社会下层，《老农》（图 7-121，巴拉圭 1967）、《午睡》（图 7-122，法国 2004）、《播种》（图 7-123，多哥 1970），都反映了劳动者的面貌和生活，表现了他的同情。

梵高的风景画寄予了自己满腔的激情，《奥维尔教堂》（图 7-124，法国 1979）被扭曲变形，仿佛在痛苦地呻吟；《科德维耶村舍》（图 7-125，不丹厚纸凸印 1974）、《夜间的露天咖啡馆》（图 7-126，罗马尼亚 1991）、《星光灿烂》（图 7-127，卢旺达 1980）中，那空气流动的漩涡，都展现了梵高内心狂乱的精神情绪。据专家认为，梵高画出的流体力学图像，与真实流体力学漩涡大有相似之处。

图 7-124

梵高的静物画以花卉为主，他一共画了 11 幅《向日葵》（图 7-128，罗马尼亚 1991），悬挂在卧室。该作色彩单纯浓烈，凝聚着火一样的激情，就像他的性格，使人觉得会呼地一下燃烧起来。他的《鸢尾花》（图 7-129，罗马尼亚 1991）于 1889 年完成，也表现出浓烈的氛围，但不

图 7-125

图 7-126

图 7-127

图 7-128

图 7-129

图 7-130

图 7-131

管那充满炽烈热情的画上，涂着怎样明亮辉煌的色彩，也不能掩盖住画家心底深刻的悲哀。1890 年梵高又画了一幅《鸢尾花》(图 7-130)，被巴拉圭 1970 年的邮票选用。

梵高作为画家的生涯仅有 10 年，他的价值在故后多年才被认知。荷兰于 1940 年将梵高拿画笔的《自画像》(图 7-131) 选入邮票，此后又有多国邮票选用梵高自画像，其中尼日尔 1968 年邮票采用的梵高 1890 年的《自画像》(图 7-132)，最见梵高的画风。《叼烟斗的自画像》(图 7-133，圣文森特) 作于 1889 年，这是他割掉耳朵后所画。关于梵高失去耳朵有很多说法，有人认为与其精神病有关，也有人说是与高更口角后所致。

图 7-132

图 7-133

（10）后印象画家劳特累克

劳特累克（1864—1901），生于法国阿尔比贵族家庭。少年时的两次坠马经历使他落下腿疾。18 岁赴巴黎学画，与贝尔纳等新一代画家接触受益良多，后又结识梵高和高更。对高更的平涂色彩和画面装饰性处理十分赞赏。他把学到的技巧加以改造，形成自己的独特风格。劳特累克作为子爵后裔，生性放纵不羁，酗酒、暴躁，谢世时年仅 37 岁。

图 7-134

劳特累克早年学画动物，《白马卡塞尔》（图 7-134，马里 1967）是早期代表作。

劳特累克在巴黎居住期间，进入创作巅峰期。《在红磨坊跳华尔兹的两个女人》（图 7-135，捷克 1994），是他到巴黎夜生活娱乐场所“红磨坊”写生时，在灯红酒绿中捕捉住的跳舞场面和两个女人形象；《丑角莎尤柯》（图 7-136，格林纳达 1976）作于 1895 年，女主角身着演出服装，神态漠然，带有黑晕的眼眶和皱褶的脸皮，显现底层社会女人放荡夜生活的印记；《拉·古吕姐妹在红磨坊》（图 7-137，卢旺达 1980）中的拉·古吕，是当红舞星，劳特累克给她画了十几幅写生；《歌唱中的吉贝尔特》（图 7-138，法国 2001）中，劳特累克用夸张变形的手法描绘了这位歌星，生活中的吉贝尔特其实是位脱俗的美女；《跳波丽露舞的伦德》（图 7-139，马尔代夫 1971）中的伦德，是一位歌剧女演员，劳特累克每看她演出都画速写；后来被设计家放置在小型张的邮票和边纸上的《舞女》《红磨坊大厅》（图 7-140，圣多美和普林西比 2004），以及《“明星”音乐咖啡厅的英国女招待》（图 7-141，法国 1965）、《模特海伦》（图 7-142，多哥 1976），都可见劳特累克以富于个性的线条式的色彩，在描述动荡不定的社会，以及令他失望的欧洲文明。

图 7-135

劳特累克的石版广告、海报、插图以及小幅的

图 7-136

图 7-137

图 7-138

图 7-139

图 7-140

图 7-141

图 7-142

图 7-143

图 7-144

石印版画十分精彩。2011 年比利时发行“劳特累克广告、海报作品”不干胶小本票，小本票的封面是《阿里斯蒂德·布吕昂在夜总会》(图7-143)。

法国 1958 年的“名人”邮票中，有 1 枚是劳特累克肖像（图 7-144）。

4. 俄罗斯巡回展览画派

1863 年，在反对沙皇专制制度、争取自由的民众运动影响下，彼得堡美术学院 14 名高材生，拒绝院方规定的毕业创作题目走向社会。他们创作了许多揭露农奴制度、反映俄罗斯人民苦难生活的作品，并组织了彼得堡自由美术家协会。限于经济条件，7年后，另一个进步艺术组织取代了它，这就是巡回展览协会。

自1871年起，巡回展览协会每年定期巡回展出。巡回展览打破了学院派在画坛的统治地位，推动了俄罗斯现实主义绘画的发展。巡回展览画派主宰俄罗斯及十月革命后苏维埃画坛近半个世纪，该画派倡导的现实主义绘画，影响到新中国20世纪50—60年代的绘画。

（1）巡展派领袖克拉姆斯柯依

克拉姆斯柯依（1837—1887），生于俄国奥斯特罗戈日斯克城贫民家庭。1857年入彼得堡皇家美术学院。1863年美术学院14名高材生拒绝院方规定的毕业创作题目，领头的就是他。1870年克拉姆斯柯依组织成立巡回展览协会，任领导职长达15年之久。1887年，50岁的克拉姆斯柯依在为一位医生绘制肖像时猝然离世。

克拉姆斯柯依擅长肖像画和风俗画，曾为当时多位作家、画家、农民画像。如《作家冈察洛夫》（图7-145，苏联1962）、《作家格里鲍耶陀夫》（图7-146，苏联1945）、《讽刺作家谢德林》（图7-147，苏联1976）《诗人涅克拉索夫》（图7-148，苏联1946）、《画家施什金》（图7-149，俄罗斯2007）和《自画像》（图7-150，俄罗斯2012）等，一一准确地再现了人物的外貌特征，并细致入微地刻画了心理活动。

图7-145

克拉姆斯柯依注重表现思想性和民族性，他1872年创

图7-146

图7-147

图7-148

图7-149

图 7-150

图 7-151

图 7-152

作的《荒漠中的基督》（图 7-151，俄罗斯 2000），借基督形象，寓意当时知识分子在真理和诱惑之间的彷徨；他的传世之作《无名女郎》（图 7-152，俄罗斯 2012），以雍容高雅的女郎形象，表现了属于那个时代和民族的审美价值；他的静物写生《夹竹桃》（图 7-153，苏联 1979），也以出色的色彩运用功力，传达了委婉细腻的感情。

《克拉姆斯柯依像》（图 7-154，苏联 1962）出自巡回展览画派画家雅罗申科之手，刻画了克拉姆斯柯依睿智精明、坚毅强干的气质。

图 7-153

图 7-154

（2）巡展派发起人佩罗夫

佩罗夫（1834—1882），生于俄国博尔斯克，是当地检察官的非婚生子。19 岁入莫斯科绘画雕塑学校。俄罗斯巡回美术展览协会发起人之一。

19 世纪 60 年代初，佩罗夫以民主题材，打开了俄国艺术史上辉煌的一页。他把农民的贫困、沙皇制度的残酷、教会的虚伪、商人的狡诈等人们司空见惯的社会现象，进行艺术概括和提炼，形象地展示出来。作品《在莫斯科近郊麦迪希饮茶》（图 7-155，俄罗斯 2009），以脑满肠肥的神父在小茶馆作威作福的丑态，揭示了教会的丑恶。

佩罗夫创作视野开阔，为当时许多学者、社会活动家画肖像，如《剧作家奥斯特洛夫斯基》（图 7-156，苏联 1948）、《作家陀思妥耶夫斯基》（图 7-157，

图 7-155

图 7-156

图 7-157

图 7-158

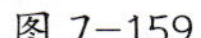
图 7-159

图 7-160

图 7-161

苏联 1971）等，通过表情及相貌特征，深刻描绘文化名人的精神面貌。

19 世纪 70 年代，佩罗夫的创作转向描绘小市民生活的风俗画,《猎人在休息》《捕鸟人》(图 7-158、图 7-159 苏联 1956），在巡回展览中展出，吸引了许多观众。这 2 枚用珂罗印刷的邮票，精细地表现了原作风貌。有趣的是,《自画像》(图 7-160，俄罗斯 2009），是佩罗夫 1851 年 17 岁时的作品，其票面生年记载为 1834 年；另 1 枚《自画像》(图 7-161，苏联 1956）是佩罗夫 1870 年 36 岁时的作品，其票面生年则写为 1833 年。

（3）巡展派画家艾瓦佐夫斯基

艾瓦佐夫斯基（1817 —1900），生于俄国费奥多尼亚商人之家。幼年表现出绘画才能，16 岁入彼得堡皇家美术学院学习，19 岁时的作品《克朗施塔德

图 7-162

图 7-163

图 7-164

图 7-165

图 7-166

图 7-167

泊地》(图 7-162，俄罗斯 1995）崭露头角。后赴意大利进修，回国后被美术学院授予院士称号。此间结识了普希金、果戈里、勃留洛夫、格林卡等俄罗斯文化活动家。1845 年创办艾瓦佐夫斯基画室。

19 世纪 70 年代后，艾瓦佐夫斯基从巡回展览画派中汲取了丰富的营养，此时的作品《黑海》(图7-163，苏联1950)，展示了一望无际的黑海壮丽景象，表现出他现实主义的最高成就。

艾瓦佐夫斯基被称为“海景画家”，他从小在海边长大，对大海有深厚的感情，一生中画有大量海景作品。《海岸》(图 7-164，苏联 1967)、《大海边》(图 7-165，罗马尼亚 1971)，可以看出他对海面的变化具有丰富的感性知识。他对海上日出、日落、暴风雨、惊涛骇浪的描绘栩栩如生，但海面变化复杂，很难应景写生，有的海景画是通过观察、记忆、想象相结合而绘制。如早期的浪漫主义作品《九级大浪》(图 7-166，苏联 1950）以及《彩虹》(图 7-167，苏联 1974）等，都表现了他超常的默记能力与创造力。

图 7-168

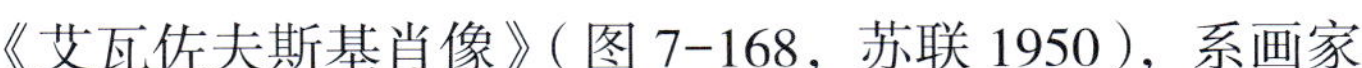
《艾瓦佐夫斯基肖像》(图 7-168，苏联 1950)，系画家

特拉诺夫所作，时艾瓦佐夫斯基 24 岁。

（4）巡展派画家希什金

图 7-169

希什金（1832—1898），生于俄国叶拉布洛商人之家。20 岁入莫斯科绘画雕塑学校，24 岁入彼得堡皇家美术学院，4 年后公费派往德国、瑞士进修，后获皇家美术学院院士称号。1870 年积极参与筹建巡回展览画派。他的参展作品《松树林》（图 7-169，苏联 1971）被克拉姆斯柯依称赞为“俄罗斯画派的杰作之一”。

图 7-170

希什金擅长画原始森林，画风真实细腻，使观者如临其境，故有“森林的歌手”之称。他笔下的森林具有生命的活力，《阳光照耀下的松树林》（图 7-170，苏联 1986）、《橡树》（图 7-171，苏联 1982）、《造船木材的林子》（图 7-172，俄罗斯 1998）、《麦田》（图 7-173，苏联 1948），或描绘不同状态、不同种类的树林，或刻画成熟麦田里的几棵婆娑多姿的松树，都令人称奇。他的广为流传的代表作《松林的早晨》（图 7-174，苏联 1948），表现了晨曦雾霭缥缈的松林中，万物芃生的景象，其中两只嬉戏的小熊是画家萨维茨基加上去的，使画面更加生机勃勃。

《希什金肖像》（图 7-175，苏联 1948）系克拉姆斯柯依 1880 年所作，希什

图 7-171

图 7-172

图 7-173

金时年 52 岁，形象细腻逼真。

图 7-174

图 7-175

（5）巡展派画家列宾

列宾（1844—1930），生于乌克兰贩马人家。幼时学画圣像。20 岁入彼得堡美术学院，27 岁毕业时获金质大奖章。此间列宾积极参加由他的 14 名学长组织的彼得堡自由美术家协会活动，并经常带着习作向克拉姆斯柯依请教。

列宾富于巡回展览派的现实主义精神，敢于揭示社会矛盾，为熟悉纤夫生活，他几度去往伏尔加河畔体验，画有多幅速写，29 岁时创作了著名的《伏尔加河纤夫》（图 7-176，苏联 1956）。作品描绘了 11 位苦力拉纤的艰辛场面，内有饱经沧桑的老者、不堪重负的年轻人，还有叼着烟斗不出力的混混儿……构图上采用的沙滩与河湾，宛如黄色底座，托起 11 位雕像般的纤夫。苏联 1969 年的《伏尔加河纤夫》邮票取其局部为图（图 7-177）。

图 7-176

图 7-177

列宾憎恨沙皇专制，连连推出表现 19 世纪后期民粹党革命活动的一组油画：《意外归来》（图 7-178，1969 苏联），描绘革命者从流放地进家的瞬间，家人惊愕、兴奋的表情感人至深；《拒绝忏悔》（图 7-179，苏联 1969），以革命者临刑前拒绝向神父忏悔的神态，展示革命者的无神信仰和视

图 7-178

图 7-179

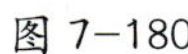
图 7-180

死如归的气节;《宣传者被捕》(图 7-180，苏联 1967)，以对比手法刻画革命者临危不惧和观众麻木的可悲场面。

图 7-181

列宾注重历史题材，他的《查波罗什人给土耳其苏丹写信》(图 7-181，苏联 1956)，描绘了 17 世纪生活在第聂伯河下游哈萨克人的部族，拒绝土耳其人的诱降，给土耳其国王回信嘲笑的场面。这幅巨作画了 12 年，经巡回展览后多家订购，列宾又画了多幅以满足订购所需。

列宾称肖像画为“最有现实意义的绘画体裁”，为同时代的学者、作家、画家、音乐家、演员、亲友画有多幅肖像，诗人《舍甫琴柯肖像》(图 7-182，苏联 1937)、艺术评论家《斯塔索夫肖像》(图 7-183，苏联 1957)、列宾挚友《特列季雅科夫肖像》(图 7-184，马尔加什 1986)等，都很著名。列宾的自画像有多幅，以图 7-185(苏联 1969)最富个性。

图 7-182

图 7-183

图 7-184

图 7-185

（6）巡展派画家苏里可夫

苏里可夫（1848—1916），生于西伯利亚哥萨克族后裔人家。20 岁入彼得堡皇家美术学院，28 岁毕业时获得一级艺术家称号。5 年后，苏里可夫加入巡回展览画派，很快成为画派盛期的代表。

巡回展览画派的创作宗旨是反映当代现实，苏里可夫基于自己的出身与传统生活方式，很看重历史，他以回顾历史苦难引今人思考的对接尝试，于 1885 年创作了《缅希科夫在贝留佐夫》（图 7-186，俄罗斯 1998），该作品描绘了宠臣缅希科夫在彼得大帝死后，全家被流放到西伯利亚贝留佐夫小镇，缅希科夫沉浸于痛苦思考的一瞬，表现了这一类人的心理发展轨迹；另一幅历史名作《女贵族莫洛卓娃》（图 7-187，苏联 1967），描绘 17 世纪宗教改革运动中的女贵族莫洛卓娃遭到教会迫害宁死不屈的高洁形象，作品刻画了从囚禁的修道院拉出莫洛卓娃待审的场面，其中塑造了近 50 个形象各异的人物。

图 7-186

1888 年，40 岁的苏里可夫遭遇爱妻病逝，悲痛的苏里可夫回到西伯利亚故乡，这里的哥萨克风俗唤起了他童年生活的情景。苏里可夫创作了以描绘家乡民间节日游戏的风俗画《攻陷雪城》（图 7-188，苏联 1968）。

图 7-187

故乡之行，使苏里可夫更加贴近人民，这成为他绘画思想的转折点，将历史题材中的贵族改换为人民。如《叶尔马克征服西伯利亚》（图 7-189，1973），画幅很大，邮票取局部，展示勇敢顽强的哥萨克士兵形象；《苏沃洛夫越过阿尔卑斯山》（图 7-190，苏联 1950）展现苏沃洛夫率兵追击拿破仑的场面；《斯切潘·拉辛》（图 7-191，苏联 1941）描绘 17 世纪哥萨

图 7-188

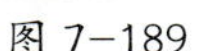
图 7-189

图 7-190

图 7-191

图 7-192

克人斯切潘·拉辛率领农民起义的史实，坐在顿河船上的拉辛和起义军正思考着作战计划。苏里可夫为这三幅作品用了 4 年多寻找事件发生地的模特儿、旧武器、盔甲、服装，亲自走过苏沃洛夫行军的整个地区，以追求作品的真实性。

1948 年苏联纪念苏里可夫诞生 100 周年邮票，以苏里可夫《自画像》为图（图 7-192）。

（7）巡展派画家列维坦

列维坦（1861—1900），生于立陶宛铁路职员家庭，犹太人。少时入莫斯科绘画雕塑建筑学校，师从著名画家萨符拉索夫。父母相继去世后，在经常挨饿状态下完成学业。23 岁参加巡回展览画派展出。1900 年夏因感冒引发心力衰竭逝世，时年 39 岁。

列维坦一生多作风景画，被人称为“风景画家”。贫困和他的犹太血统受到俄罗斯民族沙文主义压迫的经历，以及巡回展览画派现实主义对他性格的影响，使他的作品忧郁中带有明丽色彩。1894 年创作的《墓地上空》（图 7-193，俄罗斯 2006），画面阴云密布、狂风骤雨将临，而画家赋予纪念碑式的构图形式，使作品呈现出苍劲宏大气势。

图 7-193

图 7-194

图 7-195

图 7-196

列维坦的风景画充满抒情性，陈述了大自然的语言，如《伏尔加河上的清风》(图 7-194，俄罗斯 2010 小型张)，其邮票可见伏尔加河在述说夏天带给它的平静美丽;《三月》(图 7-195，马尔加什 1986) 和《金色的秋天》(图 7-196，苏联 1950)，表述了俄罗斯三月艳阳天的生机，那俄罗斯秋天的白桦树、清凉透蓝的溪水，都展示了人与自然合一的恬静与欢快。

《湖水》(图 7-197，苏联 1968)，完成于列维坦人生的最后一年，那清晰明丽的色彩节奏，成为他辉煌创作的最后总结。

图 7-197

图 7-198

《列维坦画像》(图 7-198，苏联 1950)，为谢洛夫所作。

5. 东欧国家19世纪绘画

罗马尼亚、匈牙利、捷克等东欧国家长期受外族压迫，经济落后，它们没有自己的美术学院，有些画家流落国外。19 世纪民族解放运动蓬勃开展，本民族文化艺术得到复兴，期间涌现一批杰出画家，如阿曼、格里高列斯库、马特义科、蒙卡奇、阿列什等。他们的创作思想和技法，有的受西欧影响，有的接近俄国的巡回展览画派，他们的成就为本民族绘画史谱写了光辉的一页。

（1）罗马尼亚画家阿曼

阿曼（1831—1891），生于罗马尼亚坎普伦格中产阶级家庭。19 岁赴巴黎接受美术教育，27 岁回国，翌年组建布加勒斯特美术学校，任校长。参与组建罗马尼亚现代美术协会，筹划每年举办的巡回展览会。

阿曼的绘画作品多为历史题材，他注重反映史实，同时将人民作为主体，表现人民的斗争和苦难。代表作《克鲁格雷尼战役中的米哈伊》（图 7-199，罗马尼亚 1975），描绘了 16 世纪末罗马尼亚人民在米哈伊大公领导下抗击土耳其作战的情景，这场打败土耳其军的重要战役，被阿曼刻画得昂扬悲壮；《土耳其使臣向米哈伊大公进贡》（图 7-200，罗马尼亚 1975），记录了米哈伊战胜土耳其、统一罗马尼亚后与土耳其的外交关系，表现了阿曼的爱国立场。

图 7-199

阿曼的风俗画与肖像画也颇有特色。《环舞》（图 7-201，罗马尼亚 1971）这幅风俗画，生动地描绘了罗马尼亚山区农民欢跳民族舞的快乐场面；肖像画《室内的少女》（图 7-202，罗马尼亚 1981）、《埃列娜·库扎》（图 7-203，罗马尼

图 7-200

图 7-201

亚 1976）等，巧妙地运用了外光，将人物刻画得大气庄重。

阿曼的画像最早展示在罗马尼亚 1956 年纪念阿曼诞生 125 周年的邮票上（图 7-204）。

图 7-202

图 7-203

图 7-204

（2）罗马尼亚画家格里高列斯库

格里高列斯库（1838—1907），生于罗马尼亚布加勒斯特近郊农民家庭。早年丧父，10 岁入作坊务工，并学画圣像。23 岁赴巴黎学画。格里高列斯库崇尚巴比松画派，常同他们到大自然中写生。

格里高列斯库是个爱国者，1877 年罗马尼亚民族独立战争中，他回国参战，作战勇敢。他画了多幅战地速写，创作多幅战争油画，《押送俘虏》（图 7-205，罗马尼亚 1938）是其中 1 幅；《进攻斯美尔塘》（图 7-206，罗马尼亚 1957），记录了罗马尼亚军队和土耳其军争夺斯美尔塘要塞进攻的史实，战争场面描绘逼真；1977 年我国在“罗马尼亚独立 100 周年”邮票中，选用了格里高列斯库的《勇士们向敌人冲锋》（图 7-207），票图与罗马尼亚（图 7-206）那枚有所区别。

格里高列斯库酷爱自己国家的人民，他几次试图留在国内，但由于人为原因，又不得不返回法国，直到 1887 年

图 7-205

图 7-206

图 7-207

图 7-208

图 7-209

图 7-210

图 7-211

他 40 岁时才返乡定居。尽管如此，他还是创造了许多本民族农民题材的作品。他画农民、农舍、村道、农妇、牛羊，画作，都散发着浓厚的乡土气息。《牧羊女》《牛拉的四轮车》（图 7-208、图 7-209，罗马尼亚 1977）、《纺线女》（图 7-210，罗马尼亚 1973）、《微笑的农家女》（图 7-211，罗马尼亚 1982）等作品，色彩精致、外光丰富，洋溢着现实主义艺术的光辉。

《裸体少女》（图 7-212，罗马尼亚 1971）是格里高列斯库的习作，表现少女健康而有青春朝气的体魄。

格里高列斯库在国内外多次举办民族画展，为推动 19 世纪罗马尼亚绘画的发展，作出了卓越贡献。1938 年罗马尼亚纪念“格里高列斯库诞生 100 周年”的邮票中，有 1 枚取他的《自画像》（图 7-213）。

图 7-212

图 7-213

（3）波兰画家马特义科

马特义科（1838 —1893），生于波兰克拉科夫市民家庭，父亲是捷克移民，母亲是德国后裔。14 岁入克拉科夫艺术学校，20 岁后赴慕尼黑美术学院和维也纳美术学院学习。35 岁任克拉科夫美术学院院长。

马特义科的成就主要表现在历史画上。他生活的时代，正是波兰被普鲁士、奥地利、俄国占领统治，波兰人民奋起反抗的时期。马特义科把自己强烈的爱国情怀都投入到历史画创作中。代表作《斯坦奇克在博纳女王的舞会上》（图 7-214，波兰 1968），描写 16 世纪时，在宫廷参加表演的小丑听到波兰战败的消息，悲哀地陷入了沉思，而大厅里的达官贵人却无动于衷，照旧寻欢作乐；《克伦瓦尔德战役》（图 7-215，波兰 1960），描绘 15 世纪波兰击败普鲁士入侵的一场战争，尽管邮票票幅很大，但巨幅原作缩印后，用雕刻版单色印刷是难以表现画面层次感的，原作气势恢宏，表达了画家激动的情感；《索菲斯基在维也纳郊外》（图 7-216，波兰 1983），描绘 17 世纪波兰国王约翰三世击败土耳其军的场面，巨作场面大，人物多，马特义科在处理和掌控大型战争场面上，表现出高超的技艺。他以历史题材，歌颂自己的祖国，抨击了投降与妥协者。

马特义科的肖像画也很出色。《乐师》（图 7-217，波兰 1972）中的乐师，相貌朴实，衣着朴素，似为民间艺人；1873 年创作的《哥白尼像》（图 7-218，波兰 1973），与《哥白尼在天文台上》（图 7-219，蒙古 1973），都表现了马特义科对本民族天文学家哥白尼的崇敬与友谊，笔触细腻，形象逼真。

图 7-214

图 7-215

图 7-216

图 7-217

图 7-218

图 7-219

图 7-220

马特义科的《自画像》(图 7-220，波兰 1970)，如实地描画出了自我，特别是自己身材矮小，消瘦多病的状态。

(4)匈牙利画家蒙卡奇

蒙卡奇(1844—1900)，生于蒙卡奇市(前苏联木卡切沃)。原名米哈伊·利伯，后以出生地蒙卡奇为名。早年失去父母，10 岁做工。曾随流浪艺人学画，21 岁起赴维也纳、慕尼黑两地美术学院学习。26 岁创作的《死牢》，获法国沙龙金奖。

蒙卡奇的童年经历，使他永远牵挂着下层人民的疾苦。1872 年，蒙卡奇迁居巴黎，他绘制了一系列反映大众生活的作品，1873 年的《负薪的农妇》(图 7-221，匈牙利 1966)就是其中一幅，作品描绘了一位背柴妇女的艰难生活，女人筋疲力尽的坐在地上，低头慨叹日子的不易;《打哈欠的学徒工》(图 7-222，匈牙利 1966)，则表现了超时劳动的童工极端疲惫的状态，从而揭露了资本家剥削的血腥。这些画作均为现实生活的写照。

图 7-221

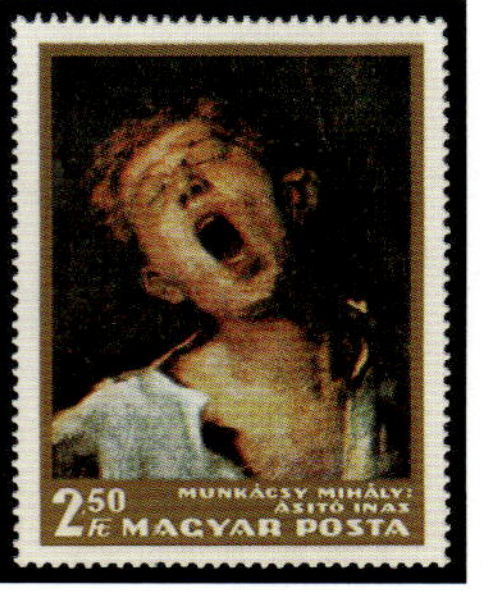

图 7-222

蒙卡奇还画过许多肖像画和静物画。1886 年创作的《李斯特像》(图 7-223，匈牙利 1967)，刻画了作曲家的深沉、睿智，性格鲜明准确。静物画《瓶花》(图 7-224，匈牙利

1977），以浓艳色彩的分布与配搭，表现了光与色彩运用的技巧。

图 7-223

图 7-224

图 7-225

蒙卡奇作为匈牙利人民画家，打开了民族现代艺术之门，受到人民景仰。1900 年蒙卡奇逝世时，匈牙利人民为他举行了隆重的国葬。

《蒙卡奇像》（图 7-225，苏联 1969），至今为各国集邮者珍藏。

（5）捷克画家阿列什

阿列什（1852—1913），生于捷克皮塞克小职员家庭。17 岁入布拉格美术学院，曾因参与抵制反动文人讲学活动被拘禁。

1879 年，捷克为兴建布拉格民族剧院，举行多次征集设计和美术作品评选活动，多名画家参与，美术史称这批画家为“民族剧院派”，代表画家就是阿列什。图 7-226 为阿列什《自画像》（捷克斯洛伐克 1952）。

图 7-226

阿列什所处的时代，是捷克斯洛伐克人民为反对奥匈帝国统治勇敢斗争的年代，阿列什奋身投入斗争，并希望像波兰画家马特义科那样以历史题材鼓舞人民战斗。他绘制的捷克历史题材的油画《走向城堡 走向自由》（图 7-227，捷克斯洛伐克，1952），表现了 15 世纪胡斯运动中的军事头领鲁达战胜敌人进入城堡的场面。正像他希望的那样，英雄鲁达骑马率兵挺进的胜利画面，一直鼓舞着人民抗战。

图 7-227

1868 年，布拉格为民族剧院奠基遭到奥匈帝国武力镇压，年轻的阿列什决心效忠祖国，因而 1879 年他勇敢地参加布拉格剧院壁画竞选，遭评

图 7-228

图 7-229

图 7-230

图 7-231

委会抵制后，毫不气馁地创作了画稿《祖国》。这套画稿由 14 幅木炭素描组成，描绘了一位捷克民族英雄一生战斗的历程。《青年英雄从智者讲述中汲取智慧》（图 7-228，捷克斯洛伐克 1951）是组画的第 1 幅；《特鲁特诺夫屠龙》（图 7-229，捷克斯洛伐克 1952）是第 7 幅，它用以表现英雄与象征恶势力的双头龙厮杀的场景；《青年英雄向群众告别走向查洛伏路》（图 7-230，捷克斯洛伐克 1951）为组画的第 11 幅，描述青年英雄接受百姓给予的桂冠、骏马，踏上新征程的故事。这 14 幅画以富于节奏的线条勾勒出人物和背景，每幅画面都展现出捷克民族特色的装饰美。

阿列什一生历经不公正待遇，于 1913 年辞世。他不知道，就在这一年，他所在国家的美术展览会评委会终于承认了他的艺术价值和对捷克近代绘画发展的重要意义。

他的《悲痛的使者》（图 7-231，捷克斯洛伐克 1983），至今还留存在布拉格国家剧院里。

八

20世纪现代派绘画

两次世界大战的厮杀结束后，欧洲再无法退回到原点，绘画领域已经是另一番风景。

19世纪末的印象主义引领了20世纪的绘画新潮。具有前卫特色、与传统绘画决裂的各种画派竞相诞生，“反传统”成为欧美绘画的宗旨。美术史家将20世纪涌现的各种流派，总称为现代派，包括野兽派、立体派、表现主义、抽象派以及超现实主义等诸画派（图8-1～图8-6）。

现代派绘画与写实主义绘画分道扬镳。由前卫的年轻一代美术家发动的各种创作派别，更深地反映着个人世界，更强烈地表现着自我个性。他们不怕脱离生活，不在乎失掉现实土壤；绘画手法标新立异，离开了人们的视觉经验，转向虚幻的个人感觉。因此20世纪西方艺术更倾向多样化，更具多变性和主

图8-1　法国野兽派画家德朗（1880—1956）《草地上三男人》

图8-2　法国立体派画家莱热（1881—1955）《娱乐》

图8-3　德国表现主义画家柯科施卡（1886—1980）《天鹅》

图 8-4 荷兰抽象派画家维尔德（1895—1981）《无题》

图 8-5 意大利超现实主义画家契里柯（1888—1978）《忧郁的缪斯》

图 8-6 苏联画家孔卡洛夫斯基（1876—1956）《从集市归来》

观随意性。但不能不承认，现代派绘画也满足了现代社会部分人们的审美需求，并创作了一些经典作品。

与此同时，苏联及东欧一些国家的绘画仍旧保留着写实主义色彩。然而，西风是挡不住的，当时苏联彼得洛夫·沃德金等画家的作品因具西方倾向而遭到了批判。

1. 野兽派

1905 年巴黎秋季沙龙中，发生了一桩趣事。马蒂斯、德朗、弗拉曼克等画家的作品同展于一室，这些画作风格狂野，形象夸张变形，色彩对比强烈。展室中间有一尊多那太罗的雕像，有批评家指着雕像说：“多那太罗被一群野兽包围了！”就这样，野兽派因此得名。

野兽派没有明确的纲领，但他们的作品具有共同特点：色彩鲜明强烈，笔触突出有力，对构图、题材、形体的处理带有随意性，画面大多具有装饰性等。

从 1905 年到 1907 年，野兽派登临画坛顶峰，尔后销声匿迹。野兽派画家有马蒂斯、德朗、弗拉曼克、杜飞等。

野兽派画家马蒂斯

马蒂斯（1869—1954），生于法国勒卡多镇。19 岁完成法律学业，任律师事务所职员。23 岁入巴黎高等美术学校，师从学院派画家布格罗，后因个人兴趣与老师观念相左，进入象征主义画家莫罗画室。27 岁在国际美协沙龙回顾展中展出 4 幅作品，获得成功。

图 8-7

1905 年，巴黎秋季沙龙接受了马蒂斯等人的野兽派作品。野兽派作品乍看草率粗放，但在粗放之中显示着画家敏锐的观察力和丰富的创造力。

马蒂斯继承发展了后印象派的画风，更强调绘画表现主观感受。在《少女》（图 8-7，吉布提 1984）、《妻子像》（图 8-8，马尔代夫 1993）中，两位主人公脸上分别画有一块绿色和一条灰绿色，而生活中人们脸上是不可能出现绿色、灰绿色的，这是马蒂斯作画时内心情感的颜色表现；《窗前站着的女人》（图 8-9，南斯拉夫），也显示了画家的主观情绪，看起来画中女人面对的是敞开的窗户，实际上敞开的却是画家的一种心境。

图 8-8

图 8-9

马蒂斯善于艺术创新，他的《画家的家庭》（图 8-10，马尔代夫 1993）

图 8-10

图 8-11

图 8-12

图 8-13

没有明暗和透视关系，野兽派画风十分突出；在 1907 年创作的油画《蓝色的裸体》（图 8-11，法国 1961）中，稍稍修正了过于狂暴的表现方式，而体现出较为宁静的画风；壁画《舞蹈》（图 8-12，利比里亚 2000）则借鉴民间和宗教艺术的表现手法，以平面色彩为特点，来展示丰富的表现力。

《马蒂斯肖像》（图 8-13，利比里亚 2000），恰如马蒂斯其人：谦虚、儒雅，对人生的荣华富贵和画坛的名利均很淡泊。

2. 立体派

20 世纪初，巴黎年轻的画家们探索如何革新绘画形式，他们把物像的体和面作为表现重点，不受空间的限制。构图以圆球体、锥体为基础，把形体分解为几何切面，把三维空间的物像归结在二维的平面上，显示出物像的长度、宽度、高度、深度。这样，被描绘的对象就变了形，难以看懂。1908 年评论家沃克塞耶说：“布拉克先生将每件事物都还原了……成为立方体”，立体主义由此得名。

立体派代表画家有毕加索、布拉克、莱热等。

（1）立体派大师毕加索

毕加索（1881—1973），西班牙—法国画家。生于西班牙马拉加小镇，父亲是图画教员。15 岁入巴塞罗那美术学校，同年用传统手法表现的《科学与仁爱》（图 8-14，西班牙 1978），可见其天赋。毕加索享年 92 岁，他留下的 600 万件绘画、雕刻、陶瓷等各类美术作品，成为人类宝贵的艺术遗产。

毕加索于 1900 年来到巴黎，虽然倾心后印象画家梵高和劳特累克作品，但创作的《生活无保障的人》（图 8-15，马尔代夫 1974）、《坐着的马戏演员》（图 8-16，卢旺达 1974）等，却是反映穷人生活的现实主义作品。从中隐隐可见劳特累克的画风。

图 8-14

图 8-15

图 8-16

毕加索能够成为立体派大师纯属必然，他注重探索，在其创作生涯中，画法和风格多变。印象派、后印象派、野兽派的表现手法尽被吸收，对古典主义、超现实主义、抽象主义的精髓也为我所用。

图 8-17

图 8-18

在表现巴塞罗那小街妓女的《亚威农少女》（图 8-17，塞内加尔 1967）中，毕加索第一次探索立体主义表现形式，为此画了 30 多幅草图，成稿后的该作没有空间感，右侧坐着的女子同时出现了她的侧影和背影；他的《加米·萨巴尔德斯像》（图 8-18，西班牙 1978）、《土耳其围巾》（图 8-19，多哥 1974）和《毕加索肖像》的附票《哭泣的女人》（图 8-20，波兰 1981），将人脸的正面、左侧、右侧面三个部位画在二维的平面上，超出人的正常视觉；《三个音乐师》（图 8-21，利比里亚 2000）、《画室》（图 8-22，科摩罗

图 8-19

图 8-20

图 8-21

图 8-22

图 8-24

图 8-23

1981)、《春天》(图 8-23，法国 1998)，除了多视点描绘物像外，还根据画家主观意愿对物像形体进行了再创造。

已被多国邮票采用的毕加索代表作《格尔尼卡》(图 8-24，西班牙 1973)，是为抗议 1937 年德国法西斯野蛮轰炸西班牙小镇格尔尼卡的暴行而创作，作品运用立体主义的变形、夸张以及象征等手法绘制：正中嘶吼的马象征西班牙人民，左边狰狞的牛头是残暴黑暗的象征，其他图像一一表现了人民的苦难。

图 8-25

第二次世界大战期间毕加索留居巴黎。1944 年加入法国共产党。“二战”后他积极参加保卫世界和平运动，创作了三幅象征和平的《鸽子》：石版画《鸽子》(图 8-25，中国 1950)被选为巴黎召开的保卫世界和平大会会标，还

图 8-26

图 8-27

图 8-28

有另外两幅（图 8-26、图 8-27，中国 1951、1953），其中图 8-27 与捷克斯洛伐克 1953 年发行的“第二届保卫世界和平大会”纪念邮票的和平鸽造型（图 8-28）完全相同，但鸽子飞行方向不同，有 1 枚是反图。

（2）立体派代表画家布拉克

布拉克（1882 —1963），生于法国阿让特伊。20 岁入私人学校学习绘画，后入读巴黎美术学校。此后的创作属野兽派风格，如 1906 年的《埃斯塔克码头》（图 8-29，尼日尔 1982），以及《科利奥列的渔船》（图 8-30，瓦利斯福图纳 1982）等。

1907 年，布拉克与毕加索相识，遂成为至交，几乎每一天都在为表现作品交换意见。他们打破了传统的透视空间，分解位面，在解读立体主义绘画的境界上，达到巅峰。他们创造了立体主义，并共同开创立体主义运动。

布拉克的作品多数为静物画和风景画，就立体绘画对物象的分解而言，似乎比毕加索有过之而无不及。如《曼陀林和静物》（图 8-31，加蓬 1962）、《平面的报纸》（图 8-32，圣多美和普林西比 1978）采用了拓印文字的手法，强调

图 8-29

图 8-30

图 8-31

图 8-32

图 8-33

图 8-34

画面的现实感。除了拓印文字外，布拉克还喜欢用人造木材、贴纸等来强调画面的现实感，并保持画面平面效果，这是他区别于其他立体派画家的区别。后期作品《信使》(图 8-33，法国 1961)、《黑鱼》(图 8-34，摩纳哥 1982)正是对他立体主义理论的实践。

3. 表现主义绘画

表现主义，旨在表达情感体验和精神价值，而不在乎记录视觉印象，是从后印象主义演变发展而来。

德国，是 20 世纪表现主义的主要基地。发起者为德国青年画家，这些青年对社会不满，同情工人和其他劳动者，反对保守的传统美术，追求造型对比、扭曲、变化，把绘画作为表现纯粹感情和内心的工具。

表现主义代表为两个团体，一个是桥社，另一个是青骑士社。主要画家有科林特、黑克尔、佩希施泰因、马尔克、克利等。

(1) 表现主义绘画先驱科林特

科林特(1858 — 1925)，德国画家。生于东普鲁士塔皮奥。18 岁入科尼斯堡美术学院，22 岁移居到慕尼黑开始创作。26 岁赴法国深造，29 岁返回慕尼黑。喜爱并大力宣传印象派绘画。

科林特作品《瓦尔兴湖的复活节》(图 8-35，德国 1978)，颇具印象派画风，所以，德国邮政把它纳入 1978 年发行的“德国印象派绘画”邮票中。

图 8-35

图 8-36

图 8-37

进入 20 世纪后，科林特不再像印象派那样按眼睛所看到的物像去描绘，而注重表现自己的心灵和精神，以此成为德国表现主义绘画先驱。他的《自画像》(图 8-36，西柏林 1972)、《自画像和模特》(图 8-37，德国 2008)等，都在强烈的色彩对比中表现着自己的感情。

（2）桥社发起人黑克尔、佩希施泰因

1905 年，在德国德累斯顿学习建筑的 4 位学生组建了一个社团：桥社。他们鄙视资本主义社会，走进工人群体，体验工人感情，宣扬艺术是满足生存的人生需要。领头者为黑克尔（1883—1970）、佩希施泰因（1881—1955）。桥社纲领虽然展示了年轻人的革命愿望，但却不能实施到底，成员们在实践困难中退缩，后来只能分道扬镳。

黑克尔的代表作《德累斯顿风光》(图 8-38，德国 1994)、《睡觉的人》(图 8-39，德国 1974)，画风激昂、狂放、抒情，色彩浑厚，一展自己的情感。2005 年德国邮政为纪念桥社 100 年发行了邮票，票图采用黑克尔的木刻(图 8-40)。

图 8-38

图 8-39

图 8-40

图 8-41

图 8-42

佩希施泰因的《搬石料的意大利工人》（图 8-41，西柏林 1982）、《坐着的女人》（图 8-42，德国 1996），用色浑厚，富有装饰色彩。

（3）青骑士社发起人马尔克、克利

青骑士社，是 1911 年由定居慕尼黑的俄国人康定斯基和年轻德国画家马尔克等共同创立的美术社团，社名源于他们主编的刊物《青骑士》。主要成员还有马克、明特尔、克利等画家。青骑士社按期组织讨论会、举办画展。

马尔克（1880 —1916），生于慕尼黑。20 岁入慕尼黑美术学院，23 岁赴巴黎深造，对动物画投入了很大精力。代表作《风景中的马》《红鹿》（图 8-43、图 8-44，德国 1992、1974）、《群猴》（图 8-45，巴拿马 1967），色彩对比强烈，不追求真实色彩，富于装饰性。2012 年德国纪念青骑士社 100 周年邮票选用了马尔克的《蓝马》（图 8-46）为图。

图 8-43

图 8-44

图 8-45

图 8-46

克利（1879 —1940），德裔瑞士画家，生于瑞士明兴布赫塞，其父是音乐家。19 岁赴慕尼黑学画，后入慕尼黑美术学院。创作中汲取后印象派、野兽派画风，并凸显个性。和康定斯基、马尔克交往甚笃，积极参加青骑士社活动。1920 —1931 年在包豪斯艺术学院任教。他的《鸟园》（图 8-47，德国 1979），是富含有哲理性和趣味性的作品。瑞士 1979 年的“名人”邮票选用了克利的画像（图 8-48）。

图 8-47

图 8-48

4. 维也纳分离派

1897 年，奥地利一些年轻的艺术家从保守的“维也纳美术家协会”退出，成立“奥地利艺术造型协会”。由于成员意见分歧，其中克里姆特和 8 位艺术家又从“奥地利艺术造型协会”退出，组织成立新的美术社团，史称“维也纳分离派”。该派反对保守，主张创新，力求发展本民族美术，重视艺术创作的实用性。

维也纳分离派代表画家克里姆特

克里姆特（1862—1918），生于奥地利维也纳金银首饰作坊家庭。15 岁入维也纳工艺美术学校，后承担壁画和建筑装饰工作。28 岁加入维也纳美术家协会，35 岁退出，1897 年与同道创立维也纳分离派，任会长。克里姆特的主要作品在第二次世界大战期间毁于战火，存世不多。

克里姆特重视吸收古埃及壁画、中世纪地板图案、拜占庭镶嵌画以及中国木版年画要素，以表现主义手法从事创作。他的作品常常可见形态扭曲的人体，有时还将祖传的金银首饰工艺技巧应用于绘画中，如贴金箔、嵌螺贝、贴羽毛等特殊技巧，因而他的作品具有装饰性，金箔的嵌入尤使作品掺杂着神秘感。

他的代表作《吻》已被多国邮票采用，奥地利 1964 年首发（图 8-49），票图取作品局部。在土克斯和凯克斯群岛 1979 年的邮票上可见作品全貌（图 8-50）；

图 8-49

图 8-50

图 8-51

《健康女神》（图 8-51，奥地利 1980）、《期望》（图 8-52，比利时 1987）以表现心理欲望而取胜；《朱迪一世》（图 8-53，奥地利 2003）、《艾米尔·弗劳格肖像》（图 8-54，奥地利 2009）中的人物形象带有伤感、神秘的情调；《布洛赫·鲍尔》（图 8-55，奥地利 1987）是抽象画的局部。

图 8-52

图 8-53

图 8-54

图 8-55

克里姆特作品曾受到非议，但作为引领 20 世纪初的新艺术风潮，却受到了青年艺术家的热烈赞誉。

5. 抽象派

在西方艺术论著中，抽象主义、抽象派、抽象艺术是同义语。

抽象派是 20 世纪以来在欧美各国兴起的一种美术思潮。具体到绘画领域，它否定描绘具体的物像，脱离自然形象的外观，画作没有形象，技巧自由。作品侧重调动人们的想象力和刺激观察力，而不是满足传统的审美趣味，因而使看惯了传统绘画的人们“看不懂”。

第一次世界大战前后的抽象主义绘画代表画家有蒙德里安、康定斯基、马列斯基等。至于 20 世纪 40 年代中期在美国出现的抽象表现主义，已是糅合了超现实主义手法的抽象艺术了。

（1）抽象派先驱蒙德里安

蒙德里安（1872—1944），荷兰画家。生于荷兰阿莫斯福特。早期作品从 17 世纪荷兰绘画汲取丰厚营养，打下了扎实的基本功。后来追求印象主义、立体主义，36 岁以前创作了大量介于印象主义、后印象主义之间的作品。40 岁赴巴黎创作立体主义作品，后转向几何形符号式的抽象绘画，从而开拓了几何抽象主义的道路。72 岁故于美国纽约。

图 8-56

蒙德里安认为，艺术是完全脱离自然的外在形式，应以抽象的美学形式表现精神。他在美国创作的《百老汇爵士乐》（图 8-56，利比里亚 2000）是其典型作品，他以抽象构图，表现爵士音乐的节奏，展示喧闹都市的情绪。《蒙德里安肖像》（图 8-57，利比里亚 2000）的背景，选择了他善用的纯粹的红、黄、蓝三色。

图 8-57

（2）抽象派奠基人康定斯基

康定斯基（1866—1944），俄裔法国画家。生于莫斯科。从小喜好绘画、音乐。后就读莫斯科大学学习法律和政治经济学。30 岁移居慕尼黑。45 岁与马尔克组织青骑士社，把德国表现主义推向成熟阶段。51 岁回到俄国，十月革命后任莫斯科人民教育委员，因对现实不满，55 岁受德国包豪斯学院之邀赴德任教。此后一直在国外从事美术创作。78 岁故于法国讷伊。

图 8-58

康定斯基早期作品融合印象派、野兽派技法，如《穆尔纳彩虹》（图 8-58，德国 1992）所示。为了创造一种独立的抽象绘画语言，他探索各种艺术共同的精神基础，试验声音与色彩的等价物，终于在 46 岁时创作出抽象画。与蒙德里安相比，他是抒情抽象画家。

康定斯基的著作《论艺术中的精神》（1911）和论文《论形式问题》（1911），作为抽象艺术的重要文献，影响了多国画家，致使抽象主义绘画在 20 世纪风靡欧美，许多国家发行抽象派绘画邮票。如法国画家哈通的《无题》（图 8-59）、比利时德拉霍特的《节奏之六》（图 8-60）、南斯拉夫杰麦克的《西方》（图 8-61）、丹麦布罗格尔的《绝非开玩笑》（图 8-62）等。

图 8-59

图 8-60

图 8-61

图 8-62

6. 巴黎派

20 世纪初的巴黎，积聚着一群不属于任何流派的画家。他们来自本地或意大利、俄国、波兰、西班牙等国。他们没有结社，大多过着贫穷的生活，在巴黎漂流，从事创作。他们作品的形式介于写实与非写实之间，各具独特风格和个性，对 20 世纪艺术作出了重要贡献，人们称他们为“巴黎派”。

巴黎派代表画家有莫迪里阿尼、夏加尔及郁特里罗等。

（1）巴黎派代表画家莫迪里阿尼

莫掎里阿尼（1884—1920），俄裔意大利画家。生于意大利犹太族名门之家。最初师从一位风景画家，但多病辍学，后靠自学成才。22 岁赴巴黎，结识毕加索。他贫困潦倒，自己的一幅画仅卖几个法郎。虚弱的身体，加上酗酒、吸毒，使他 36 岁离世。人们评价他是“堪比梵高的悲剧性天才”。

图 8-63

莫迪里阿尼尝试过野兽派、立体派、表现主义等各种画风，最后形成了个人风格——以线条托出面和体的关系，人物造型有意拉长表现变形美，着色以赭黄为主平涂的风格。

纪念莫迪利阿尼的邮票，展示了他的裸体画和肖像画特有的风格。在《自画像》（图 8-63，乌姆盖万 1967）、《画商吉姆》（图 8-64，意大利 1984）、《瓦尔沃戈利肖像》（图 8-65，吉布提）、《蓝眼睛女郎》（图 8-66，法国 1980）、《爱丽丝肖像》（图 8-67，瓦利斯和福图纳 1984）中，可见人物形象通过夸张变形而拉长；《作家桑德拉尔》（图 8-68，法国 1987），

图 8-64

图 8-65

图 8-66

图 8-67

图 8-68

图 8-69

也见写实画稿中的变形；裸体画代表作《坐着的裸女》（图 8-69，赤道几内亚 1978），主人公不仅被变形拉长，而且含有痛苦表情。

（2）巴黎派画家夏加尔

夏加尔（1887—1984），俄裔法国画家，生于白俄罗斯贫穷犹太人家庭。少时在彼得堡学画。23 岁赴巴黎居住，结识后来成为巴黎派的莫迪利阿尼。后回俄国，第二次世界大战期间在美国居住一段时间又返回巴黎。

夏加尔风格独特，兼收具象和抽象、写实和写意画风。他的代表作《埃菲尔铁塔下的新婚夫妇》（图 8-70，法国 1963）和《争吵》（图 8-71，塞拉利昂 1987）、《散步》（图 8-72，俄罗斯 1997），表现出他自由的幻想，或梦幻境界，他善于打破时空观念的限制，把不同时间、不同环境表现在一个画面上。相比而言，《安息日》（图 8-73，冈比亚 1987）则具有写实风格。

图 8-70

图 8-71

图 8-72

1987 年夏加尔诞生百年之际，摩纳哥发行纪念邮票《夏加尔像》

图 8-73

图 8-74

（图 8-74）。

7. 超现实主义绘画

超现实主义，是法国作家安德烈·布勒东领导的文学和艺术运动。1924 年，布勒东在巴黎发表了超现实主义宣言，从而形成了一个团体。表现在绘画方面，受弗洛伊德潜意识学说的影响，突破符合逻辑、符合实际的现实观念，把思想和潜意识甚至梦境糅合，以达到一种超现实的神秘、变幻的境界。在形式上不拘一格，有抽象的，也有具象的，但都有怪异气氛。

超现实主义画家各有不同背景，但在各自艺术中都已具备运用幻想的经验。代表画家有恩索尔、恩斯特、米罗、马格里特以及德尔沃、达利等。

（1）超现实主义先行者恩索尔

恩索尔（1860 —1919），比利时画家。生于比利时奥斯坦德。父亲是英国人，母亲是法兰德斯人。童年抑郁寡欢，17 岁赴布鲁塞尔学院学习绘画。

恩索尔的早期作品是传统的海景画、静物画和风景画，如《划船的人》（图 8-75，比利时 1958）。此后创作过具有印象派风格的作品，如《吃耗的女人》（图 8-76，比利时 1999），此作曾被安特卫普美术学院拒绝展出。

恩索尔超现实主义绘画的特点是，用讽刺幽默的描绘手法，将大量狂欢节面具、骷髅和怪异形象，融入自己的画面。他对面具的兴趣源于父母开办的纪念品商店。恩索尔常常将骷髅、面具、小丑装饰看成环境元素，《滑稽的面具》

图 8-75

图 8-76

图 8-77

（图 8-77，比利时 1984）及其代表作《1889 年基督降临布鲁塞尔》（图 8-78，比利时 1974），都描绘了基督被戴着面具的市民簇拥进入布鲁塞尔的情景，画家将自己也画入其中，作品色彩鲜明。

恩索尔不与人交往，对一切画派、美学理论以及同期画家漠不关心，其生活如同隐居。版画《死神在追赶人群》（图 8-79，比利时 1999），表现了他对世人的厌恶。1999 年，比利时纪念恩索尔邮票中，有 1 枚是他的《自画像》（图 8-80）。

恩索尔影响了一代超现实主义者，故称他为超现实主义的先行者。

图 8-78

图 8-79

图 8-80

（2）超现实主义代表画家恩斯特

恩斯特（1891—1976），德裔法国画家。生于德国布吕尔。20 岁在波恩大学学习时对绘画产生兴趣，后参加青骑士社的秋季沙龙，是年到巴黎。一生绘制大量作品，尤以超现实主义作品影响最大。85 岁卒于巴黎。

恩斯特早期作品《家庭日常生活》（图 8-81，捷克斯洛伐克 1991），画出了对家庭生活的内心感觉，已经很前卫。

恩斯特常常默画自己的记忆。他画鸟，因为小时候养的鹦鹉死去和妹妹出生在同一时间，这两件事交织在一起，表现在《马赛鸟类纪念碑》(图 8-82，德国 1991)、《在我们以后的母爱》(图 8-83，法国 1991)两幅画中，其物像似鸟非鸟，似人非人，富有诗般的幻境；他画森林，因为幼年时走进森林，所产生的清新美感，还有一种未知魔力带来的恐惧，让他终生难忘，特别是第二次世界大战期间他在法国被法西斯军队抓进集中营，历经苦难后逃往美国的记忆更加难忘，他于 1942 年绘制的力作《雨后的欧洲》(图 8-84，利比里亚 2000)，不仅表现了他对战争的厌恶，而且以画面奇异林木构成的梦幻般意境，表现了他对欧洲森林的特殊感情。

图 8-81

100 DEUTSCHE BUNDESPOST MAX ERNST 1891 1976

图 8-82

图 8-83

图 8-84

《天竺葵来自何方》(图 8-85)这幅抽象作品，出现在古巴 1967 年的邮票上。《恩斯特肖像》(图 8-86，利比里亚 2000)勾画出画家思想意识的深邃，使人将他的形象与鸟、森林、梦境等联系在一起，这正是他作品的魅力所在。

图 8-85

图 8-86

（3）超现实主义代表画家米罗

米罗(1893—1983)，生于西班牙巴塞罗那金匠家庭。19 岁入弗朗切斯科·加利艺术学校。25 岁在家乡举办个人画展，作品含有野兽派、表现主义画

派元素。26岁迁居巴黎，结识毕加索。1924年签名参加超现实主义运动。90岁故于马略卡岛。

米罗重视心理瞬间的活动，其绘画常常有意打乱正常的知觉秩序，采用近似抽象的语言来表现内心的即兴感应。他采用的颜色简练，往往只有蓝、红、黄、绿、黑几种基本色。如为赈济罗马尼亚水灾而作的《抽象》(图8-87，罗马尼亚1970)、为巴黎世界邮展而作的《作品》(图8-88，法国1874)，作品中出现的象征符号和简略的形状，都带有自由的抽象感，其色彩鲜明浓郁但简练。他的《纪念毕加索》(图8-89，西班牙1981)，以变形的鸽子和毕加索的名字组成。石版画《无题》(图8-90，摩纳哥1993)、《法网公开赛百年》(图8-91，法国1991)、《乐曲结构》(图8-92，捷克1993)、《诗歌》(图8-93，古巴1967)，均用抽象手法表现自己的所思所感。米罗和毕加索一样，在雕塑、陶艺和版画创作方面都有很高的造诣。

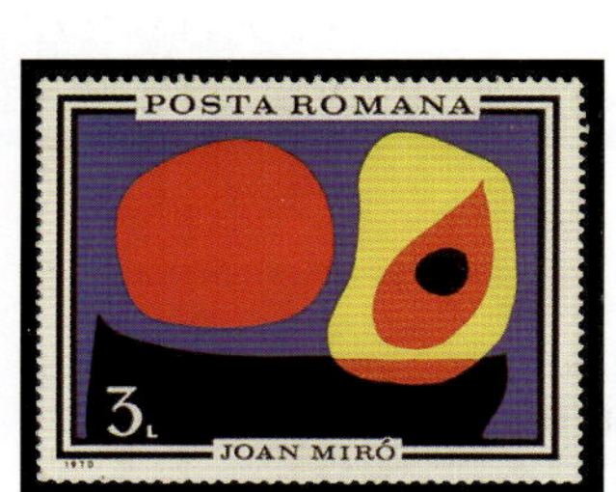

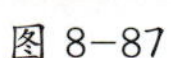

图8-87

图8-88

图8-89

图8-90

图8-91

图8-92

图8-93

（4）超现实主义画家马格里特

马格里特（1898—1967），比利时画家。生于莱西纳。幼时沉静寡言，喜好梦想，10 岁学画。14 岁时母亲的自杀带来终生心理创伤。18 岁受业于布鲁塞尔艺术学院。早期喜爱立体派、未来派画风，24 岁受意大利超现实主义画家基里科绘画影响，放弃抽象风格，其后，活跃于布鲁塞尔超现实主义艺术家群中。29 岁居巴黎后，结识米罗、达利等画家，加入法国超现实主义团体。69 岁卒于布鲁塞尔。

作为超现实主义具象画家，马格里特专注于描绘奇幻的、充满特殊构想的形象，往往将不相干的事物扭曲地组合在一起，以具象表达。《光的帝国》（图 8-94，比利时 1984）画面上晴朗的天空和房屋的夜景并存；《记忆》（图 8-95，比利时 1970）、《生活的艺术》（图 8-96，古巴 1967）、《比利牛斯山上的庄园》《巫术》（图 8-97、图 8-98，比利时 1999）《天方夜谭》《无知的童话》（图 8-99、图 8-100 比利时 2008），这几幅作品虽是具象，但作者坚持创造的是具

图 8-94

图 8-95

图 8-96

图 8-97

图 8-98

图 8-99

图 8-100

有奇幻感和有内在诗意的视觉形象，这便颠倒了观众对于现实世界的经验与认识。当时的同派别画家布雷东称他的作品是“最清晰的超现实主义”。

（5）超现实主义画家德尔沃

图 8–101

德尔沃（1897 — 1994），比利时画家。生于比利时列日省律师家庭。自幼爱好古典音乐和科幻小说。19 岁入布鲁塞尔美术学院。早期作品多为印象主义风景画。38 岁前，作品风格徘徊于新印象派和表现派之间，后受基里科和马格里特影响，加入超现实主义派。53 岁起任教于布鲁塞尔高等艺术与建筑学院，68 岁任布鲁塞尔美术学院院长。1994 年以 97 岁高龄谢世。

图 8–102

德尔沃否定抽象主义绘画，画作具象，且应用了透视技法。他的《不安的城市》（图 8–101，比利时 1970）、《街道上的男子》《舆论》《晚上的报信者》（图 8–102、图 8–103、8–104，比利时 1997）、《厄费兹的约会》（图 8–105，法国 1992）以及古希腊神话《皮格马利翁》（图 8–106，卢旺达 1982），都表现出神秘、梦幻、脱离现实的境界，以他的画作诠释了他的超现实主义认识：在描绘下意识（梦境、幻觉）中，求得“超现实”，把物像处理在不可思议的时间、地点和空间里。

图 8–103

图 8–104

图 8–105

图 8-106

（6）超现实主义画家达利

达利（1904—1989），西班牙画家。生于西班牙菲格拉斯小镇公证员家庭。中学时崭露绘画天才，14 岁在当地画展初次展出作品，后在马德里皇家艺术学院学习。早年作品涉猎过印象派以及立体派等多种风格，对抽象主义绘画则以抵制，他的《阿尔古雷码头》（图 8-107，西班牙 1994），就体现了此时期的艺术追求。24 岁在巴黎结识毕加索、米罗，便成为加入超现实主义行列的最后一位重要美术家。

达利性格偏执自大，常处于“偏执狂批判状态”，这使他将自身内心世界的怪异、幻觉境界，也融入了创作之中。他描绘的梦境以一种稀奇古怪、不合情理的方式，将物像并列扭曲、变形。代表作《记忆的永恒》（图 8-108，利比里亚）中，几只钟表被变成了柔软的熔化的东西，软塌塌地挂在枯树上，搭在平台上，披在躺着的怪物背上，这些坚硬的钟表在漫长的时间中疲惫不堪地松垮下来，作品表现了个人的梦境与幻觉；另一幅名作《内战的预感》（图 8-109，几

图 8-107

图 8-108

图 8-109

图 8-110

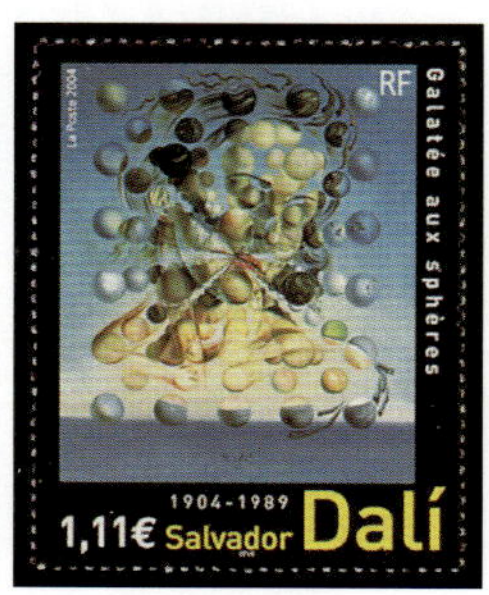

图 8-111

图 8-112

图 8-113

图 8-114

图 8-115

内亚 1998），和毕加索的《格尔尼卡》一样，是控诉战争的杰作，作于 1936 年西班牙内战之前，画中巨大的残缺的人体象征着受难的人民；《时间的巨变》（图 8-110，几内亚 1998）也带有扑朔迷离的梦幻，以及弥漫的神秘感；《球状的加拉蒂亚》（图 8-111，法国 2004）、《玛丽安娜头像》（图 8-112，法国 1979），是把梦境原原本本地转移到画中，这两幅怪异的人像给观众提供了硕大的想象空间。

达利的变形的《自画像》（图 8-113，西班牙 1994），与漫画形式的画像相似，和写实的《达利肖像》（图 8-114，利比里亚 2000）比较，确很传神。达利自 20 世纪 50 年代开始画些宗教画，1951 年创作的带有神秘色彩的《十字架上》（图 8-115，圭亚那 1968）受到梵蒂冈教皇的赏识。

达利在超现实主义绘画中的影响最大，他的言行、举止、着装都带有超现实主义风度。

8. 现代派绘画影响东欧

在东欧，古老的俄国寿终正寝，崭新的苏联急切地闯进历史。

十月革命给无数画家带来期望，苏维埃政府不负众望，1922 年成立了俄罗斯革命美术家协会。该协会倡导巡回展览画派的创作方向和写实手法，提倡歌颂现实生活新气象。马留金、格列柯夫等一批优秀画家成为画坛英雄。然而，当苏联美术在俄国美术现实主义传统基础上风帆直挂、一路畅行的时候，却拒绝了西方现代主义。那些与法国、德国等西欧画派有着密切联系的画家受到批判，彼得洛夫·沃德金的遭遇，展示了那个时代的冰山一角。

与德国、奥地利毗邻的捷克斯洛伐克，也掀起“新艺术运动”，一位在现代装饰绘画领域独树一帜的年轻人登临画坛，创造了富有时代感的艺术形式和风格，他的名字叫穆查。

（1）苏联画家沃德金

沃德金（1878—1939），生于俄罗斯赫瓦伦斯克。19 岁入莫斯科绘画雕刻建筑学校学习，师从巡回展览派画家卡萨特金、阿尔希波夫、谢洛夫。后到慕尼黑、巴黎深造。十月革命后加入“艺术世界”等社团。40 岁起任彼得堡美术学院教员，直至 55 岁离任。61 岁故于列宁格勒。

这位与前面所说的西方抽象主义绘画奠基人康定斯基属于同时代人的画家，生前与身后都受到政治风波荡涤。康定斯基于十月革命后出任莫斯科人民教育委员，而 4 年后就重返德国再创辉煌，沃德金则因为在美术教学中采用球形透视法被否定，甚至在他去世十余年后的 20 世纪 50 年代，仍旧被批判。

沃德金创作领域开阔，历史、风景、肖像、静物题材画均有成就。早在 1912 年，他 34 岁时就以《浴红马》(图 8-116，苏联 1978）令画坛刮目。画家借鉴古俄罗斯圣像画和文艺复兴绘画形式来表现裸男为大红马洗澡的场景，线条圆熟、色彩明丽、富于激情，他的妻子解读了这幅画：“《浴红马》是一幅寓意画，它预示着革命。”

图 8-116

沃德金善于娓娓讲述故事，在 20 世纪 20—30

图 8-117

图 8-118

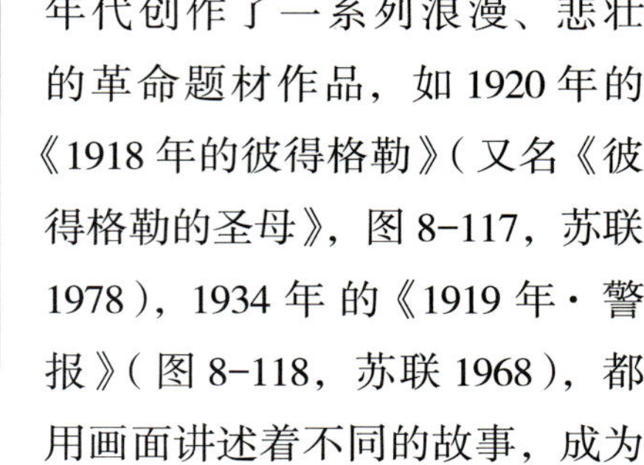

年代创作了一系列浪漫、悲壮的革命题材作品，如 1920 年的《1918 年的彼得格勒》（又名《彼得格勒的圣母》，图 8-117，苏联 1978），1934 年的《1919 年·警报》（图 8-118，苏联 1968），都用画面讲述着不同的故事，成为新兴苏联的一道壮丽风景线。

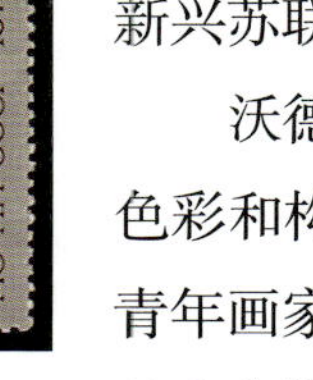

图 8-119

沃德金作品中展现的俄罗斯绘画传统、素描功力、色彩和构图、乡土气息和现代感，都深深影响了一代青年画家。他的《政委之死》（图 8-119，苏联 1978），以金字塔构图形式表现了革命者壮烈牺牲的场面；《粉红色的静物写生》（图 8-120，苏联 1978），则运用了上面所说的被批判的“球形透视”手法构图，它的光、彩效果颇具印象派风格而被革命画坛所不容；《圣母玛利亚》（图 8-121，俄罗斯 1998），则是沃德金式的圣母玛利亚，流溢着印象派的风采。

沃德金的遭遇，实在是一个应当修正的历史事实。苏联政府在 20 世纪 70 年代以后肯定了作古多年的沃德金。1978 年，苏联发行了纪念沃德金诞生 100 周年邮票的小型张，以画家 1918 年的《自画像》（图 8-122）为图。

图 8-120

图 8-121

图 8-122

（2）捷克画家穆查

穆查（1860—1939），生于捷克摩洛维亚小镇。自幼喜爱画画，18 岁申请入布拉格艺术学院就读，遭校方拒绝。19 岁为维也纳剧场设计公司绘制布景。23 岁为贝拉斯伯爵绘制奥地利埃马霍夫城堡壁画，并得伯爵资助，先后入读慕尼黑美术学校、巴黎朱里安学院，后资助中断退学。为谋生，穆查给书籍和杂志绘制插图，穷困潦倒。34 岁为巴黎女演员伯恩哈特制作招贴画一举成名。

不要以为这位没能入选《中国大百科全书·美术卷》的捷克画家与我们无关，20 世纪 40 年代流行的上海美女月份牌的设计，不能说没有他的影响。

穆查的艺术视野广阔，在油画、装饰画、招贴画、书籍插图、商品包装画等多个画种领域中，都成绩卓著，甚至还是捷克斯洛伐克共和国第一套邮票的设计者。其中最具特立独行风格的，还数装饰画。他的装饰画吸收了日本浮世绘木刻中人物的勾勒手法和优雅流畅的曲线造型，借鉴了巴洛克、洛可可绘画的华美色彩，女性形象优雅动人，加上配置的装饰性花草，画面往往洋溢着一股沁人心脾的魅力，因而被称“穆查风格”。

穆查的装饰画《音乐》《绘画》《舞蹈》（图 8-123 ～图 8-125，捷克斯洛伐克 1969）和组画《四季》中的《春》《秋》（图 8-126，马里 2011）5 幅代表作，均表现出典型的现代装饰画的“穆查风格”。

穆查是个爱国者。1910 年，斯拉夫人民反对奥匈帝国统治，穆查开始创作包括捷克的斯拉夫民族历史的系列油画《斯拉夫史诗》，18 年后他呕心沥血完成 20 幅油画巨作，并将它们全部捐献给布拉格市时，这位 68 岁的老人并没有得到热忱回应。《家乡的斯拉夫人》（图 8-127，捷克斯洛伐克 1990）、《海

图 8-123

图 8-124

图 8-125

图 8-126

图 8-127

图 8-128

辛特公主》（图 8-128，捷克斯洛伐克 1968）是其中两幅。他的爱国，使他在德国入侵时成为第一批被拘捕者，后因肺炎于 79 岁高龄辞世。

1960 年，值穆查诞生 100 周年之际，捷克斯洛伐克发行 1 枚邮票纪念这位杰出的民族画家（图 8-129）。

图 8-129

后　记

——绘画邮票和绘画专题集邮

我们见到的最早的绘画，是旧石器时代老祖宗遗存下来的洞窟壁画。就从那时起，先人们为后人建造了一座瑰丽的、深邃的绘画宝库。

历史车轮滚动到近代时，一个新的文化品种不可阻挡地挤进人们的生活，那就是邮票。邮票设计家开始将目光投向绘画宝库，试图将宝库里的名画移进邮票画面，于是有了绘画邮票。170 年来，设计家几乎淘尽了所有的世界名画，使他们精心设计的绘画邮票，以其深厚的艺术内涵，广博的知识范畴，灵动的画面，吸引着众多东西方集邮者，由此，绘画专题集邮应运而生。

1. 绘画邮票的界定

绘画专题集邮，自然是选用绘画邮票来组集。这就要先来划定绘画邮票的概念。

绘画邮票是以邮票画面的取材认定的，应当说，它与票种、邮票主题关联不大。我认为，凡是选用创作完成或未完成的绘画作品，包括作品的全部或局部，均属绘画邮票。此外，画面局部显现绘画作品或画家肖像的邮票，也属绘画邮票。如我国 1952 年的“亚太地区和平会议”邮票（图 1）上的和平鸽，取自毕加索作品《和平鸽》；日本 1956 年发行的“东海线电气化铁路完工”邮票，主图右侧取自浮世绘画家安藤广重的版画《由井》（图 2），这些

图 1

图 2

图 3

图 4

都属绘画邮票。

当代画家设计的邮票是否属于绘画邮票?

就新中国邮票而言，权威的《中华人民共和国邮票目录》(人民邮电出版社出版）对有关绘画邮票作如下划分：原画作者用［A］表示；特约设计者用［S］表示；设计者用［D］表示。以编号票“中国妇女”中的《女委员》(图 3）为例，它标注［A］，即表明原画作者是当代画家汤小铭；标注［D］，表明设计者为张源、杨白子。就是说，邮票主图选用了汤小铭的绘画，其余文字、面值及作品的金框装饰由张源、杨白子设计完成。再以特 59“熊猫”邮票（图 4）为例，它标注［S］,［S］表示特约设计者，即表示主图特邀当代画家吴作人绘制；它标注［D］，即表明孙传哲先生完成边框文字面值的设计。由此可知，目录中以［A］和［S］表示的是把原画移置到邮票上，因此，可以肯定地说，以［A］和［S］标注的当代画家设计的邮票均属于绘画邮票。

至于用［D］标注的由当代画家设计的邮票，如靳尚谊、黄永玉、周令钊、古元等画家设计的邮票，则另当别论，笔者认为不宜列入绘画邮票。这是因为，其邮票主图虽然由画家绘制，但主图之外的文字、面值、装饰图案也由画家设计完成，如周令钊先生设计的邮票（图 5)、古元先生设计的邮票（图 6)，均以图文一体表现邮票主题，这样的画作只能算作邮票图。邮票图是邮票印制工艺的一个程序，画稿被采用后属邮政主管部门归档封存，不属画家所有。此外，带有面值、邮政铭记和装饰图案的邮票画稿，与绘画作品有着本质上的区别，它们分属两类艺术作品，表现着两种不同流向的创作思路、审美观点与表现手法。

图 5

图 6

至于我国著名的邮票设计家孙传哲、刘硕仁、卢天骄、万维生、黄里等，他们虽然都是中国美术家协会会员、知名画家，但依据上述立论，我认为他们设计的邮票均不应纳入绘画邮票。

外国绘画邮票范畴的认定也应当如此，如联合国邮票大多由当代各国著名画家设计，同样不应纳入绘画邮票。

绘画邮票的界定，关系到绘画专题集邮的选择范围，如果没有准确界定，集邮者的靶向性收藏，将如同面对汪洋大海，难及彼岸。

成熟的绘画专题集邮者，定当拥有丰富的邮票常识。让我们从绘画邮票历史说起。也许，下一节内容能够成为初集邮者收集绘画专题的历史线索。

2. 历经170年漫漫长路的绘画邮票

绘画邮票穿行了近 170 年的时空，历经无数行家修整，而今成为傲立于邮坛的夺目奇葩。这近 170 年的光阴，见证了绘画邮票在邮票史早期、中期的成长以及 1945 年以后发展的历程。

（1）早期（1845—1914）绘画邮票

绘画邮票，是在 1840 年黑便士问世后的第五年，来到世间的。

1845 年，美国纽约邮局发行了一种临时邮票，设计家别开生面地以人物肖像入图。鉴于黑便士以维多利亚女王像为图，纽约临时票便遴选美国第一任总统华盛顿的肖像入票（图 7）。美国 18 世纪肖像画家斯图尔特为此走红世界，他正是油画《乔治 · 华盛顿》的作者（图 8）。邮票选取了华盛顿画像的头部（图 9），世界第一枚绘画邮票就在此时此地，偶然性也是必然性地

图 7

开了绘画邮票史之先河。那位幸运的画家斯图尔特，曾三次为华盛顿写生，多次将作品加工复制，因而留下多幅华盛顿的油画像，他的这些油画像作品，又幸运地成为日后美国华盛顿肖像邮票的重要来源。例如，两年后，即 1847 年，美国国家邮政正式发行了华盛顿肖像邮票（图 10），再次撷取了斯图尔特的画作；而同时发行的另一枚《富兰克林肖像》（图 11），则取自画家朗格克的作品。

这之后，肖像画中的帝王、伟人头像，陆续被选入邮票中。如 1851 年加拿大印制的女王像邮票（图 12）和 1855 年的新西兰第一枚邮票，均取自一幅名画，即英国皇家艺术会会员查伦的《维多利亚女王肖像》，查伦以擅长肖像画而著称；再如 1849 年的比利时第一枚邮票《利奥波德一世像》（图 13），也选自油画，作者为比利时画家温奈。

再往后，设计家的视角移向世界主流媒体关注的重大事件，包括对历史事件的缅怀。像 1893 年，美国为纪念哥伦布发现美洲大陆 400 周年而发行的 1

图 8

图 9

图 10

图 11

图 12

图 13

图 14

图 15

套16枚的《哥伦布登上美洲大陆》，图14为其中1枚，系美国画家范德林所绘，现悬挂在首都大厦圆厅的廊壁上；1896 年，希腊纪念第一届奥运会的邮票中，有 2 枚票图取自古希腊的瓶画《雅典娜》（图 15）；1896 年，日本为纪念甲午战争获胜 2 周年发行的邮票，其中 2 枚以栖川宫炽仁头像为图，这位栖川宫炽仁亲王是那场不义战争的决策者，邮票肖像取自日本画家吉约索奈的铜版画；1900 年，德国把《南和北》（图 16）、《威廉一世为纪念碑揭幕》2 幅历史画移至普票上，借此歌颂德国南北统一。两幅画的作者分别为维尔纳和帕裴。

图 16

进入 20 世纪，设计家的审美视野更加开阔，连附捐邮票上也出现了精美的画图。早期世界邮票中，绘画邮票只出现在普票、纪念邮票、附捐邮票 3 个票种中。最早出现在附捐邮票上的绘画，系比利时 1910—1911 年为“布鲁塞尔博览会”和“防治肺结核病基金”所发行，票图采用了法兰德斯画家凡·代克的名画《圣马丁和乞讨者》（图 17）。

正如婴儿在呱呱坠地时难免丑陋那样，早期绘画邮票在落生后的相当一段时期，显得很粗糙，有些早期绘画邮票的外观甚至难以被认作绘画邮票，其设计上的缺陷不言而喻。1869 年美国发行的 1 套普票，有 1 枚选用了美国画家特拉姆巴尔的《独立宣言》入图（图 18），票面的边框装饰把《独立宣言》巨幅历史绘画微缩在只有花生米大小

图 17

图 18

的平面上，尽管采用雕刻版印制，也难显现原作的魅力。百多年来,《独立宣言》这幅名画出现在多国邮票上，直到 1976 年美国用 4 枚连票表现了《独立宣言》的磅礴气势（图 19）时，人们才对艺术设计极致的精彩，有了新的认识。

讲到早期绘画邮票的收集，可能会遇到一个问题。在一些绘画邮票中，有些画作作者难以考证，这是因为，世界美术史面对星光灿烂的画家群，往往去关注那些著名画师，而忽略了二三流画家。因此，那些经历的时过境迁而沧桑巨变有了声望，才被取入绘画邮票的画家画作，却因为错失被收录历史记录的机会，而不得不永远沉默。没有人知道他们是谁，今天的集邮者从现存资料中很难考证出作者的详细资料。但是，集邮者不必拘泥于这些空白点，毕竟，这些邮票存世甚少，虽属珍邮，价格昂贵，但因为作者知名度不高而在绘画专题集邮中难居重要位置。

图 19

（2）中期（1914—1945）绘画邮票

中期是绘画邮票的成长期。它在两场搅动世界生死的大战中，缓缓走了 30 年。绘画邮票的成长，显然不是少数发达国家的业绩，它必然得力于世界大多数国家设计者的参与。此期间，绘画邮票的数量较前有所增加，发行邮票的国家（或地区）渐多；绘画邮票的设计也层出亮点。

图 20

不少设计家仍旧钟情于名家名画，他们不断从名家旧作中翻找出新的主题。如 1928 年，由萨尔始发的福利系列邮票中有不少以名画为图，其中拉斐尔的《上帝的仁爱》（图 20）

票面不甚精彩，但权威目录标价高达950欧元，信销票5000欧元，当属画票之珍；在意大利、法国、荷兰、比利时、美国、苏联等国发行的名人、资助公益事业邮票中，也有多位画家或名画入选，像1932年意大利航空邮票上的《达·芬奇像》(图21)、1937年的《乔托像》(图22)、1939年法国弗拉贡纳的《信》(图23)、1939年荷兰的《伦勃朗像》(图24)等。

图 21

图 22

图 23

图 24

也有设计家感念于当代政治事件的影响，他们放弃名家名画，放弃历史题材，希望以现实绘画题材影响现实社会。如1925年，苏联纪念“1905年革命20周年”邮票的设计，首次将宣传画《革命群众集会》(图25)选入邮票，由此使绘画邮票中的画面切入民众生活中，使人民感到邮票宣传与自己息息相关。

图 25

设计家们不懈探索，有成功也有失败。1930年2月，荷兰发行“资助伦勃朗协会”邮票，票幅不大，雕刻版印制，是第一套票题与票图内容统一的绘画邮票。荷兰设计家对票题与票图内容统一的追求，日后影响了整个世界的设计者与集邮者的审美思路。可惜，这幅伦勃朗《自画像》压在了《呢绒商会理事》的上面(图26)，设计欠妥，从而破坏了2幅作品的完整性。

图 26

就在这一年，另外两组邮票的推波助澜，成就了荷兰的创新，使票题与票

图内容统一这个重大的发现带来了一个时代的艺术辉煌。1930 年 4 月，比利时为“法兰德斯艺术展”发行的邮票，将法兰德斯画家鲁本斯的《自画像》入图（图 27）；是年 6 月，西班牙的“哥雅逝世 100 周”大套纪念邮票，也是票名与票图内容一致，有《哥雅像》（图 28）及其代表作《裸体的玛哈》（图 29），还撷选了哥雅的 4 幅有关飞天的作品，其中有 2 枚加盖“URGENTE”（加急，作临时快递邮票使用，图 30），全套票共 32 枚。

图 27

图 28

图 29

图 30

西班牙“哥雅逝世 100 周”大套纪念邮票的艺术探索，还不满足于对票题与票图内容统一的追求，设计家出人意料地首次将裸体画搬上票面，此时,《裸体的玛哈》传遍这个国家的大街小巷，也就马上引起议论，竟至惊动了教会，至高无上的教会认为有伤风化，立即叫停，据说有的邮局已停售，这么一来却招致集邮者不满，邮商则大量购进。结果，风波过后，邮票依旧流通使用。

1930 年，对绘画邮票设计者来说，是个重要的年份。上述荷兰、比利时、西班牙发行的 3 套绘画邮票，它们对票名与票图内容相辅相成的注重，为以后的绘画邮票设计者插上了想象的翅膀。

图 31

例如 1935 年法国纪念“画家卡洛逝世 300 周年”邮票；1938 年罗马尼亚纪念“格里高列斯库诞生 100 周年”邮票；1941 年苏联纪念“苏里可夫逝世 25 周年”邮票，均使票名、票图相得益彰。纪念苏里可夫邮票选用其 3 幅作品,《斯捷潘拉辛》（图 31）、《自画像》（图 32）是为其二。那年苏德战事吃紧，此套邮

图 32

图 33

票面值较高，发行量不大，加之战争损毁，存量不多，现今全套 5 枚市价在 3000 元上下。

我们还可以从今人珍爱的绘画小型张上寻找到它当年的风采。最早的绘画小型张见于 1933 年奥地利“维也纳国际邮展”，那枚小型张上的票图取自德国 19 世纪著名画家施文德的《邮车》（图 33）。小型张贴在入场券上出售，所以背面有贴痕。该票雕刻版印制，纸质有普通纸和纤维纸两种，发行量 1 万枚。权威目录标价 1600 欧元左右。

中期（1914—1945）绘画邮票，历经了 30 年的光荣，它们在这个世纪最为艰难的处境中，在战争硝烟中，寻找着自己的生路，生存成长起来。此期画票约有 300 枚，其中不乏珍贵邮票、名贵邮票，虽然世界名画入票不多，但许多绘画专题集邮者还是把中期画票作为重点来收集研究。

（3）发展期（1945—　）绘画邮票

当和平取代了战争以后，绘画邮票迎来了自己命运的拐点，迅速发展起来。

20 世纪 50 年代初，一个新思路诞生。人们认为单枚邮票、甚至大套票都不足以展现新时代的壮阔，系列票登临邮坛。首先尝试这个创举的是列支敦士登、民主德国。这两个国家从本国美术馆藏画中选题，以系列绘画邮票形式发

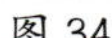
图 34

图 35

行。如“列支敦士登画廊藏画”作为一个系列，收入 4 套 20 枚邮票，哈尔斯的《哈勒姆市长》（图 34）即为其中之一；德国的“德累斯顿美术馆藏画”也是一个系列，收入 3 套 17 枚邮票，利奥塔尔的《端可可的女郎》（图 35）也在系列之中。

一个崭新形式的崛起，带动了多国邮政机构的设计。谁都没有想到，30 年过去了，系列化的设计发行形式蓬蓬勃勃；60 年过去了，系列化的设计发行形式仍然坚挺。时至今日，各国邮政机构的设计，还是喜欢采纳系列绘画邮票。

图 36

当然，设计家们喜欢花样翻新，许多国家在与绘画无关的选题中，如圣诞节、社会慈善、特殊节日等主题，仍选用名画入图，且采用系列化形式。萨尔的社会公益邮票，从 1949—1956 年 8 年间采取系列形式提选名画为邮票图，均用雕刻版精印，博得很高声望，被认为是 20 世纪 50 年代重头绘画邮票，其中，格雷兹的《施特罗冈诺夫伯爵的童年》（图 36）等名作均被选用。

设计家们还尝试采用系列绘画邮票形式弘扬本民族文化主题，如日本 1948 年的“集邮周”系列邮票首选菱川师宣的《回眸美人》（图 37）；1958 年始发的“国际通信周”系列票以安藤广重的版画《日本桥》为首枚（图 38），这两个系列邮票遴选了日本的民族文化艺术遗产“浮世绘”；1958 年西班牙“邮票日”系列邮票首选哥雅绘画为图，《书商的妻子》是其中 1 枚（图 39）。

图 37

图 38

图 39

到1961年时，系列绘画邮票发展得如同风帆直挂、一路顺风。设计家们不仅将本民族文化融入系列绘画邮票形式中，而且在艺术形式上也有创新。这一年，法国推出了令世界刮目的“艺术”系列邮票，塞尚的《玩纸牌的人》（图40）等法国名画为首选，该“艺术”系列票的大票幅、雕胶版套印的形式，也一举提升了画票的印制工艺。

图40

艺术的感染力是强悍的，到1966年时，世界上几乎所有的国家（或地区）都发行了绘画邮票，苏联、匈牙利、罗马尼亚等东欧国家将本国美术馆藏画选入系列邮票发行，巴拿马、巴拉圭也以各种题目将名画入图，绘画邮票在欧美呈现出发行大潮，数量洋洋大观。

历史可以影响未来。绘画邮票在邮票史早期、中期的成长以及1945年以后发展的历程，无疑彰显了它未来的光明。

值得一提的是，百余年绘画邮票除了在纪、特、普、航、附捐、快递、军用等票种上显现之外，哥斯达黎加曾发行绘画的邮政捐税邮票。所谓邮政捐税邮票是一种带有“强制使用”性质的票种，在邮政部门规定的时期内交寄的邮件，除按正常邮资标准贴足邮票外，还必须加贴这种邮政税票，否则邮局不予投递。邮政税票面值的金额用于社会公益事业。哥斯达黎加自1959年起的邮政捐税邮票陆续将达·芬奇、拉斐尔、委拉斯开兹、雷诺阿、毕加索等十几位大师的作品移置在邮票上。如鲁本斯的《尼古拉》（图41）、里贝拉的《跛脚的男孩》（图42）、雷诺阿的《女孩》（图43）等30多幅名画入选。邮政捐税邮票票幅小，票图只能取名画的局部。该系列邮票有的印制粗糙，色彩单调，设计平平，有些绘画专题集邮者把它忽略了。

图41

图42

图43

3. 绘画邮票的设计

对绘画邮票设计家来说，最难的，也许是别具匠心的设计。

对绘画邮票专题收集者来说，最难的，也许是读懂作品的设计。

收集绘画邮票，除了要会欣赏票面上的名画，还应当会鉴别设计家将名画移置到邮票上的设计思路与手法，这可以说是绘画专题集邮研究的重要内容。

图 44

邮票是有价票证，为了防止伪造，早期邮票设计家借鉴图案复杂的纸币的设计思路，把邮票主图设计在一个图案复杂的装饰性边框里，形成一种纸币、邮票特有的“票证艺术”形式。

邮票复杂的图案边框，在中期的绘画邮票中留下了印记。如梅尔兹的《达·芬奇侧像》（图 44，意大利 1935）、鲁本斯的《芙尔曼肖像》（图 45，比利时 1939）、大卫的《地球厅宣誓》（图 46，法国 1939）等，均可见与主图无关的边框装饰。

图 45

图 46

此后，在边框装饰形式上，邮票设计家的审美观念有所分流，一些人以简约为美，去掉了票面的边框装饰，而另一些人则保有边框，但试图以边框替代油画画框，借以提升画票的审美情趣。例如瓦斯涅佐夫的《三勇士》（图 47，苏联 1951）、凡·爱克的《夫人像》（图 48，比利时 1958），其票面上的边框也是画框，它不仅烘托出整体油画，而且收纳了相关文字和面值符号，以此保持绘画作品画面的

图 47

图 48

"干净"。

再后来，边框装饰形式成为设计家关注的审美元素，各国画票上的边框不断被变换刷新，比如，匈牙利、罗马尼亚等国的绘画邮票常常使用金色"框"起名画；俄罗斯近年几套画票的画框只设计半个，画框虚虚实实的渐变，以及文字、面值的置放均表现出高度的设计技巧，如鲍罗维柯夫斯基的《加加琳姐妹》（图 49，俄罗斯 2007）等系列画票边框的设计，都给人带来全新的审美愉悦。

图 49

绘画邮票上的文字、面值及边框的设计最可见邮票的审美价值，有关文字符号在绘画邮票上搁置的位置可直接表现出设计者审美眼格的高下。笔者注意到，从现在回望 40 年，捷克斯洛伐克的绘画系列邮票始终保持了一种整体上的完美，也就是说，捷克斯洛伐克的绘画系列邮票发行 40 多年来，没有 1 枚把文字、面值设计在名画票图之内，这不是巧合，也不是偶然，它体现了这个民族审美水平的规整与思维的严谨。而巴拿马邮票上的达·芬奇名作《抱银鼠的女人》（图 50）、瓦利斯和富图纳邮票展现毕加索的《马戏丑角》（图 51），已是迥异的意象，那些破坏名画构图的国名、面值、票种、画家、画名等文字符号，如同寄生在名画画面上，这些文字符号似乎已经成为名画画作的一个部分。其实，不只是上述两种邮票，多年来，这种图文混杂、凌乱无序的设计，时而闪现在绘画邮票中。

绘画邮票"系列"形式的体现也有高下之分。德国邮票的设计以严谨著称，德国于 1992 年始发的"20 世纪绘画"系列邮票，至 2004 年结束，历时 12 年，无一不体现其精严的"系列意识"。它的票幅、票形、齿孔、面值及文字布局始终如一：名画居中，票形横置，文字居于两侧，如 1992 年首发的马克作品《洋品商店》（图 52）所示。系列票

图 50

图 51

图 52

图 53

中，如果入选的作品是竖型，其票形仍取横置，宁肯让票面留出大片空白，也要追求系列形式上的一致；2002 年发行的法伊宁格尔《哈勒教堂广场》（图 53）也体现了这种构思。若将德国“20 世纪绘画”20 多枚系列邮票陈列在一起欣赏时，其色彩斑斓的名画、淡淡的文字、洁净的票面、横置的票型，都体现了一种无与伦比的整体美，那种以 12 年光阴保持的集体统一的力度，与“系列意识”共同构成了一种震撼；那种由视觉所带来的审美冲击，甚至不亚于人们看见军队整齐划一的正步行进，聆听到歌剧院精美绝伦的男女生齐唱时的感受。

小型张的设计更引人注目，从形式上看，设计家的功力主要表现在对小型张边纸的利用上。早期小型张简朴到只在邮票四周拉个白纸边，以此区分票面与票图，如比利时 1942 发行的鲁本斯名画《阿尔伯特大公和伊莎贝拉公主画像》（图 54）。后来的设计家也感觉到四白边的单调，就在这方方正正的四白边上增加了文字和图案。大约在 20 世纪 60 年代末期，一向保守的小型张设计出现了新面貌，其邮票主图和边纸被设计成了一幅完整的硕大名画，小型张似乎变身为名画。它的深邃与多姿，典雅与俊秀，立刻激发了集邮者与非集邮者的收藏热情。这种设计手法最适合巨幅油画的表现力，最适宜展现绘画小型张的美学价值，我们从卢旺达 1975 年发行的法国画家普吕东的《约瑟芬皇后》（图 55）中，即可领略油画小型张之魅力。

图 54

计算机的应用把设计者人脑

图 55

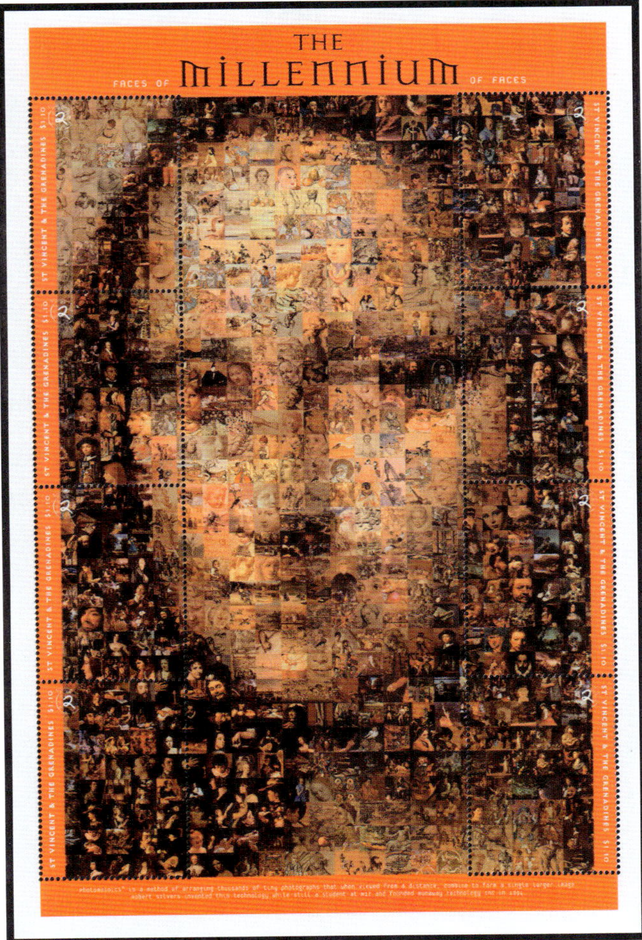

图 56

的智慧延伸到电脑，圣文森特和格林纳丁斯的《蒙娜丽莎》小版张（图 56），就是电脑的杰作。这幅小版张两侧各有 4 枚竖连邮票，每枚邮票由 40 枚“画票”（删去面值及文字）组成，中间的过桥也由“画票”组成，全张共含画票 670 多枚。设计者按 670 多枚画票的不同深浅的色彩拼出蒙娜丽莎的形象。这个设计过程没有电脑是完不成的。小版张独出心裁的设计颇有趣味，但未必实用，以《蒙娜丽莎》为例，将 8 枚邮票撕开后，票图凌乱，难以看清面值，邮票只供集邮者把玩而已。

画票的形式设计也随印刷技术发展而更新。不干胶邮票的应用，免去了分撕邮票的手续，设计家利用这个特点，设计了不用分撕的异形绘画邮票。日本邮政发行的不干胶异形画票，选用“浮世绘”版画家东洲斋写乐作品《岩井半

图 57

四郎扮演的重之井》(图 57),异形画票一展日本江户时代歌舞伎之风骚,使之充满盎然的活力。

总之,对绘画邮票专题收集者来说,务必要读懂作品的设计,领悟设计者思考的亮点。

4. 绘画邮票的印制

早、中期世界邮票的印制以雕刻版、锌铜腐蚀版为主,稍后出现了胶版、影写版。无论何种版别,邮票刷色都以单色居多,这使色彩斑斓的绘画邮票黯然失神。为此,大多集邮者不喜收藏乏味的单色绘画邮票,这竟成为绘画专题收集者鲜寡的首要原因。

图 58

第二次世界大战以后,邮票印刷工艺迅捷发展,有些画票虽然是单色,但制版工艺精度大大提高。专家认为,高精度的单色影写版在表现物像层次方面比套色难得多。西班牙 20 世纪 50—60 年代"邮票日"系列邮票上的名画,均为单色印刷,但色调层次非常细腻,像采用了影写版(即照相版)的牟利罗绘画《找贝壳的孩子》(图 58),虽然整个画图除唯一的淡绿色外再无它色,但两个孩子灵动的神态,背景上富于层次的天空,都使画作艺术达到了极致,非常耐看,在影写版单色邮票中如此精细的并不多。我们有理由相信,在注重历史真实的今天,像人们以怀旧心态寻找老照片一样,集邮者也会从那些达到艺术极致的单色邮票中,悟出历史,读出新的见解。

法国、捷克、瑞典的绘画邮票多用胶雕版套色印制,也有的采用影雕版。胶雕版邮票图文精细,印制工艺尖端科技含量高,成本高,能够凸显出印刷工艺的美学价值。胶雕版邮票色彩浓郁、厚重,最能呈现"票证艺术"的严肃风格,在出现一些印制粗糙的绘画邮票的今天,胶雕版套色画票在集邮界享有很高的声誉。

选择印刷版应依据名画的色彩而定,有的名画适宜胶雕版印刷,有的宜用像上述牟利罗绘画《找贝壳的孩子》那样的影写版。胶雕版表现绘画的细微色

图 59

彩层次方面，与精密的影写版相比稍逊一筹。在法国邮政印制的拉图尔名作《新生儿》套色印样（图59）中可见，雕刻版浓浓的黑色主图套印在其他颜色上，虽工整庄重，但偏于黯淡，有失光彩。高精度的影写版却可以把原画的色彩层次表现得丰富细腻，光亮柔和鲜艳，如贝宁的《新生儿》邮票（图60）。两种印制方法各有自身的美学亮点。

图 60

在邮票的印刷方法上，能和胶雕、影雕版相媲美的是珂罗版。

珂罗版印品的色彩有浓有淡，层次有浅有深，它精细准确，能够活脱脱地再现原图，从而适合于印刷精美的高级印品。可惜，珂罗版耐印量很小，一块印版仅能印刷 500 ～ 3000 份。珂罗版可以印制邮票，但它的耐印量显然不能满足邮票的印量所需，因此，为了发行，各国邮政大多摒弃珂罗版而另寻他途。苏联邮政在 20 世纪 30 年代到 50 年代中期，用珂罗版印刷了大约 300 多枚精美绝伦的邮票，时至今日，珂罗版邮票已经绝迹。

苏联用珂罗版印制的俄罗斯名画，色彩层次变化极为细腻。在纪念画家萨维茨基、委涅齐阿诺夫的邮票上，展示了他们的肖像及代表作《修铁路》

图 61

图 62

图 63

（图 61）、《春耕》（图 62）。票幅不大，2 位画家的肖像栩栩如生，画作清晰度很高。画面上没有雕刻凹版的点线，没有胶版的网点，只见浓淡渐变均匀的色调，缓缓地铺满了主图，逼真地表现了名画原作风格及画家的气质风度。此外，在其他题材如纪念“十月革命”的邮票上，巨幅历史油画也用珂罗版复制在邮票上，效果甚佳。《攻打冬宫》（图 63）为其中 1 枚，色彩所还原的清晰度是其他印刷方法所无法比拟的。这些精美的珂罗版画票，已经不会再生，也不会湮灭，它留给集邮者的不仅是微缩的名画复制艺术品，也是一份无限感慨的历史缅怀。

当历史运行到计算机年代时，邮票形式的变化，已经为今天年轻的集邮者所熟悉了。自动售票机打印的电子邮票逐渐在各国推广应用，我们中很多人手里都拥有过电子邮票。这其中的佼佼者，首推 2005 年台湾为“亚洲邮展”发售的电子邮票，它选用明代画家边文进的《胎仙图》（图 64），其印制程序完全告别了传统方式，令人体会到新科技时代的神秘破译；紧跟着，2010 年法国的德拉克洛瓦画作《摩洛哥的犹太人》电子邮票（图 65），也赢得了世人青睐。但是，电子画票的底票是用网线较粗的胶版来印刷，复制的名画难以精细，打

图 64

图 65

印面值的位置也往往会影响画面，这便形成了电子画票相对粗糙的因素。我们有理由相信，电子画票的不完善只是暂时的，它毕竟是新事物，迅猛发展的科技时代会将不完善演变为完善。

图 66

说到印制，还有一种非纸质邮票也与印制相关。其实，非纸质承印的绘画邮票很少。1958 年，波兰纪念该国邮政开办 400 周年，发行首枚丝绢小型张，以波兰画家凯岑斯基的《邮政马车》作图。材质较粗，绢面凸凹不平，画面上雕刻版纤细的点线呈现出模糊不清的状况。1969 年不丹发行了丝绢材质的“唐卡”。我国的绵竹、朱仙镇等木版年画小型张有的用丝绢承印，绢质纤细，胶雕版套色精密，效果甚佳。

1986 年巴拉圭把丢勒木版画《圣母与子》以小型张的形式印在薄薄的雪松木板上（图 66），木刻版的名画和承印的木板材质，对表现邮票内容具有象征性的物质特性，审美感受和小型张本身的物质体现是相通的。

但有些材质印的画票不尽如人意。1970 年不丹筛选 8 幅名画用塑料材质立体印刷，画面虽产生三维视觉效果，但仅仅是趣味而已，名画的真实性大为减色。不丹还用胶版在厚卡纸上压凸印制了 3 套画票，画作的局部凸出纸面，除了趣味之外，对表现名画无甚特殊效果，在法国画家卢梭的《朱尼尔老伯的马车》这枚压凸的邮票上（图 67），视觉效果一般。

图 67

5. 由绘画邮票引发的商业化现象

作为有价票证，绘画邮票进入商圈，是顺理成章的事；而由绘画邮票所引发的种种商业化现象，却令人思考。

绘画小型张的发售有多种形式，除了邮政发行外，还有随展览会入场券出售的，有超出面值溢价出售的，还有特印赠送的等。

1949 年比利时的“社会与文化”附捐小型张，3 枚邮票选用了威登的画作《圣母与子》《基督在十字架上》《玛丽・玛德莲》（图 68），3 枚邮票的总面值 6.65 法郎，出售价在小型张边纸上明码标出：50 法郎。邮票的溢价出售是商业化的体现，60 多年后的今天市场标价高达 300 多欧元。目前，各国邮政发行小型张、小版张，大多都在高出面值出售，具有明显的商业化倾向。

名画小型张、小版张华丽的“全图”设计，是邮票商业化一种形式的体现。这些精美的“小张”到了用户或集邮者手中，人们往往舍不得撕开取邮票贴用，整张贴于邮件吧，票幅太大邮件贴不下，而且面值超出，集邮者只得将它原封不动地存在邮册里，这么一来，大量“全图”名画小型张、小版张都退出了流通流域，进入了悄无声息的收藏地带。这是令邮政部门“偷着乐”的美

图 68

事，对各国邮政机构来说，他们除了付出印制“小张”的成本之外，所出售的金额全是利润，因为邮政无需为“小张”付出投递劳务。所以多国邮政无休止地发行小版张、小型张，纯属利润使然。

事情远不止这样简单。近些年来，跨国集团联手从集邮者手中掘金，可说达到登峰造极，最典型的是下面的例子。美国一家“国际政府间集邮公司（IGPC）”，面向一些国家（或地区）代理邮票的选题、设计、印制，它印就的邮票由委托国邮政出售极小部分，大部分由IGPC向全球市场发售。近20年来，IGPC印制出售了大量绘画邮票，主题繁多，如“卢浮宫200年”、“大都会125年”以及纪念丢勒、安藤广重、伦勃朗、马蒂斯、夏加尔等画家的邮票。这些画票有小型张，也有小版张，其外观精美，票幅整齐划一，采用300线高精度的胶版印刷，色彩层次丰富。委托IGPC印制邮票的国家（或地区）以圭亚那、格林纳达、冈比亚、格林纳达和格林纳丁斯、塞拉利昂居多，据说目前已有70多个国家（或岛屿、地区）先后参与了IGPC的运作。不只是IGPC，近年国外又出现几家邮票代理公司，效仿IGPC，这些公司印制发售的绘画邮票已涌入中国邮市。由此可知，这些联手的跨国集团赢取了多少利润。

其实，IGPC的画票甫市之时，集邮界就普遍认为它是超出邮政所需的商业票，为此集邮家没有表现出收藏热情。集邮家立场显然不能代表国家邮政立场，诸如美国、法国、英国等一向发行邮票严肃的国家，受世界经济一体化、市场经济的裹挟，也在国家邮票的设计印制发行方面，突出商业化倾向，用邮票赚钱。

于是，“商业票”这个概念诞生了。所谓“商业票”，是以牟利为目的超量印制倾销的邮票。其实，商业票在某种历史背景下，并不完全是贬义的。20世纪50—60年代，列支敦士登、圣马力诺、摩纳哥的邮票业收入，在其国民经济中占很大的比重。但三国的邮票设计历经深思熟虑，印刷精致，发行量虽超过本国邮政所需，有商业盈利成分，但数量有底线，不滥发不倾销，以此维护其邮票的市场声誉，至今价格坚挺不衰。因此，人们认识到，“商业票”这个概念并不准确。当年匈牙利、苏联以至我国纪、特的盖销票，在全国大城市广泛销售，这些“商业票”满足了一代青少年集邮者的需求，推动了我国集邮活动的开展，这是 20 世纪 50 年代一段集邮史。发展到今天，“商业票”的概念正在被淡化，中国邮政也将邮票分为“集邮邮票”和“通信邮票”两类来管理。

很多集邮者认识到，对涌进国门的“商业票”应该冷静面对，因为“原生态”的邮票已不复存在。

6. 走向绘画专题集邮

当集邮者已经对绘画邮票有所认识的时候，就可以尝试绘画专题集邮了。

绘画专题集邮，是以收集绘画邮票为主，兼收与绘画相关的封、片、简、戳、各种样票、单据、设计图稿以及邮票原图为对象的集邮方式。这些邮品常被业内人士称之为“专题素材”。

在国内外，绘画专题集邮者的队伍都拥有相当数量，其展品在历届国内外邮展中均有获奖记录。当前，绘画专题集邮已经成为热门的专题。

与其他专题不同的是，绘画专题集邮者能收集到邮票原图。众所周知，各国邮政部门对邮票设计资料都实行保密的管理制度，邮票的设计原图一经采用，即封存进入邮政档案，集邮者不具有收集的可能性，但绘画邮票是个例外。绘画邮票采用的原图（即绘画原作），在入选前归画家个人所有，有可能流入市场，因此集邮者就有机会获取原图。像绘画邮票采用过的徐悲鸿作品《奔马》、叶浅予作品《白蛇传》等，均在拍卖会上进行过竞拍。绘画原作也包括版画原作，画家创作的版画一般都拓印多幅，笔者收藏的张漾兮版画《牧歌》（图 69）便为其中一幅，此画即美术邮资封“2—1957”的原图（图 70）。收集绘画邮票的原作，可以将收藏范围

图 69

延伸到艺术品原创领域，因而提升了集邮收藏的审美价值以及专题素材价格。

图 70

对封、片、简、戳的收集，倾向于以 20 世纪 50 年代以前的为主，这个时期的封片、简、戳紧贴邮政实用，存留不多，收集难，市价高。比如荷兰 1935 年纪念伦勃朗的邮戳（图 71）、1929—1930 年苏联发行的两组俄罗斯名画邮资片（其中将苏里可夫名作《女贵族莫洛卓娃》选入，见图 72），类似这些戳、片在绘画专题集邮中都是有分量的素材。

还要说到与原图有关联的一个概念，印样。印样（俗称样票），是指邮票开印前从原模或印刷版上印出的样张，也称原模印样。它虽然不具邮资作用，但以其史料性的特殊魅力吸引着集邮者。它的实证意义使人们确信，画票的印样是绘画专题必集的邮品。法国 1956 年的“红十字”邮票采用华托作品《小丑》为图，原模印样刷紫色（图 73），右下有手工雕刻师的签名，票图是用刻在钢板上的反图经过重压印出，图文四周的“方框”是钢模四个边的压痕。一般来说，原模印样流入市场的很少，因而价格偏高，收集难度也大。

集邮者除了注重收藏原模印样之外，还很看重打样印样、馈赠印样、送审印样、试色印样、试机印样、鉴定印样等。相比而言，

图 71

图 72

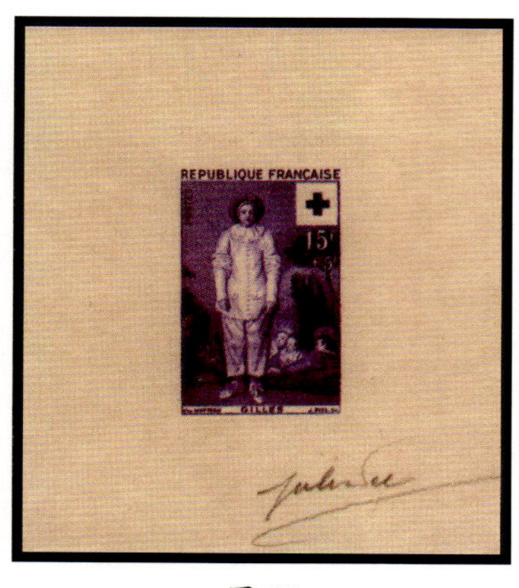

图 73

易于得手的可能是邮政主管部门发给各邮局供比较鉴别用的鉴定票样，它通常在票面上加盖相关文字（英文 SPECIMEN），也有加盖本国文字的，见日本的票样（图 74）；瑞士“乔利”小型邮票印刷机的打样印样，十分精彩，票幅 170 毫米 ×76 毫米，犹如纸币（图 75）。此机为雕刻版专用，一版四色，可以压凸，性能极佳。样票展示了机器雕刻的达·芬奇肖像及复杂的图案，线条极细，错落有致。肖像左侧《岩间圣母》的圣女头像，肉眼可看出由细小的“点”构成，在高倍放大镜下，便呈现出令人惊愕的景象：每一个“点”是由极微小的“DLRG”（德劳罗·乔利的缩写）字母构成，精细之极。右上角有一个压凸的小飞马，显示乔利机的多功能。我国于 2001 年购进乔利机，乔利机用高科技、高工艺印出的精美的打样样票，令很多绘画专题集邮者都赞叹不已。

绘画邮票的设计图稿，也是集邮者收藏的重点。绘画邮票设计图稿，是设计家在设计过程中留下的不定画稿，集邮者可以求得草稿或是不用的画稿。笔者在 29 年前得卢天骄设计师所赠予的“吴昌硕作品选”邮票设计草图（图 76），已经成为绘画专题集邮中的重量级素材，弥足珍贵。

绘画专题集邮者要提高眼格，练就火眼金睛，培养自己的“发现”

图 74

图 75

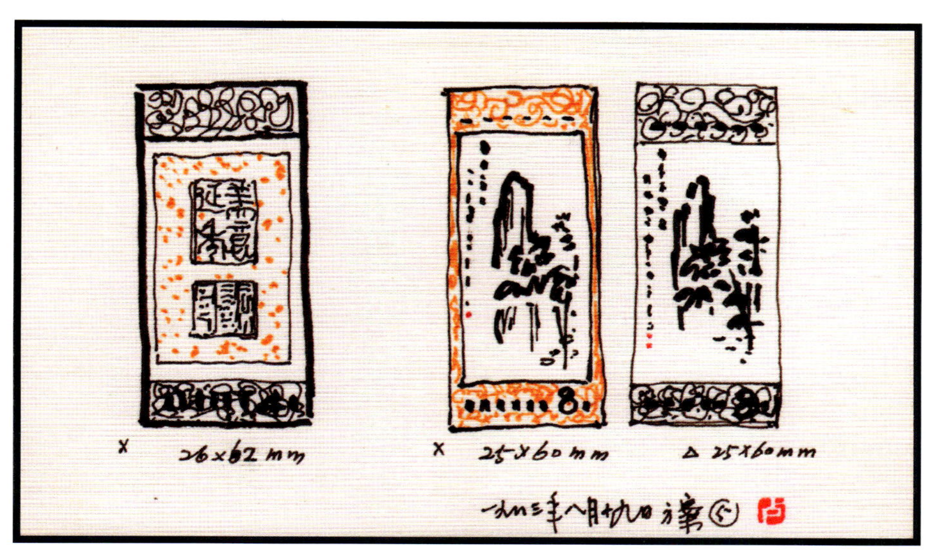

图 76

能力，在那些看来与绘画邮票无关的邮品上发现收藏目标。应当提醒集邮者的是，一些本当珍贵的收藏品，可能由于位置隐蔽而被人忽略。像2009年发行的“国际回信邮资券”，主图取自米开朗琪罗《创造亚当》中上帝和亚当的两只手（图77），十分精美，这种国际回信邮资券的票面本是难得的绘画素材，可一些集邮者却失之交臂了。

电报纸的画面也是专题集邮的素材。电报纸，是邮政、电报合一经营时期，邮电主管部门印制、邮局电报业务收发、经邮局投递的专用纸张。欧洲诸国邮电局的电报纸很讲究，注意一下，会发现有些电报纸的第一页会印上一幅名画，如扬·勃吕盖尔的《花瓶》（图78），就

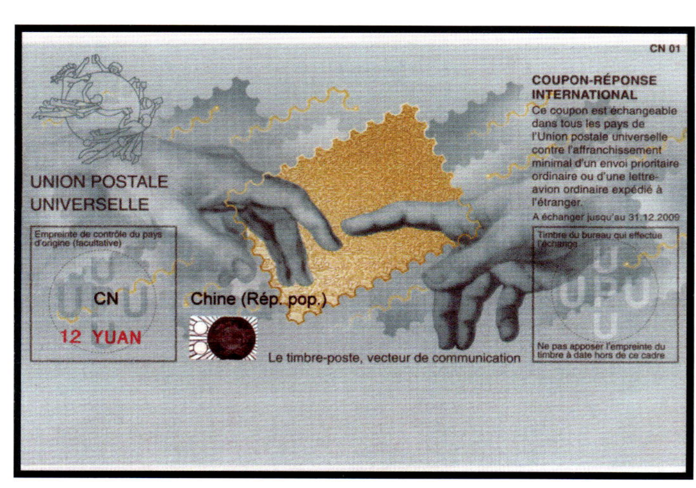

图 77

图 78

被德国邮电局电报纸印在了第一页。

从事绘画专题集邮，可能会遇到遴选绘画极限明信片的困惑。与绘画邮票相比，绘画极限明信片具有很大优势。绘画邮票限于票幅，有的以某幅名画局部为图，有的将大幅历史题材名画全图缩印在邮票上，因此，邮票难以清晰表现原作。绘画极限明信片的趣味设计弥补了这些不足，如法国画家勒南的《农民一家》（图79），邮票只取局部，明信片却选取全图，两者相得益彰，票、片、戳合一的极限明信片使邮票的局部图和原作全图的关系一目了然。西班牙委拉斯开兹的《布列达的降服》（图 80），将巨幅壁画缩印在邮票上，票幅小且为单色，邮票的表现力大有亏折，极限明信片以其宏伟的场面弥补了这个审美欠缺。但是，需要集邮者注意的是，在 FIP 参展规则中，极限集邮和专题集邮分属并列两大类，若编组专题类的绘画邮集参加 FIP 展出，极限明信片是不宜多用的。

从事绘画专题集邮，有苦有乐。那些散发着墨香的邮品，会引领我们跳进跳出这段或那段历史，跳进跳出这个或那个国家，它会使我们在历史面前失重甚至失语，逼迫我们不得不一次次重返历史现场，一次次寻找先人留下的史料，一次次调整自己的收藏标杆，一次次建构自己邮集的辉煌。一片叶也可以承载整个春天，于是，我们的邮集就有了厚重，有了沧桑，有了自我，有了价值。

今天的人们都喜欢回头寻找历史，哪怕是刚刚翻过的历史。这种以实证为

图 79

图 80

基础的史料意识，无疑使集邮者更看重绘画邮票，看重绘画专题集邮记录的世界绘画历史，它的收藏价值、审美价值还会在未来的岁月里日益彰显。

王泰来

2012 年 11 月，于北京

参考文献

[1] 中国大百科全书·美术卷Ⅰ、Ⅱ. 北京：中国大百科全书出版社，1991.

[2] 朱祖威. 中华世界邮票目录·欧洲卷. 北京：人民邮电出版社，1995 .

[3] 朱伯雄. 世界美术史第四卷、第七卷. 济南：山东美术出版社，2006.

[4] 张钰，等. 世界美术史. 武汉：武汉大学出版社，2012.

[5] 丰子恺. 西洋美术史. 长沙：岳麓书社，2010.

[6] 崔庆忠. 现代派美术史话. 北京：人民美术出版社，2004.

[7] 奚静之. 俄罗斯美术史话. 北京：人民美术出版社. 1999.

[8] [德] 米希尔世界邮票目录·欧洲部分. 慕尼黑：施万博格出版社，2007.

[9] [美] 萨拉·柯耐尔. 欧阳英，等译. 西方美术风格演变史. 杭州：中国美术学院出版社，2008.

[10] [美] 鲁道夫·阿恩海姆. 滕守尧，等译. 艺术与视知觉. 成都：四川人民出版社，2006.

[11] [英] 贡布里希. 范景中，译. 艺术发展史. 天津：天津人民美术出版社，2006.

[12] [日] 相良德二，等. 彭正清，译. 西洋绘画史话. 北京：人民美术出版社，1986.

[13] 王泰来. 版画专题集邮之我见. 集邮杂志增刊，2011（18）.

[14] 王泰来. 俄罗斯巡回展览画派专题集邮手记，集邮杂志，2011（12）.

[15] 王泰来. 中外邮票设计比较研究. 2003 国际集邮绵阳学术研讨会学术论

文. 中国集邮报，2003，连载 .
[16] 王泰来. 包豪斯理论与邮票设计. 集邮杂志，1987（11）.
[17] 王泰来. 绘画邮票的专题搜集和邮集编组之一、之二、之三. 集邮杂志，1985（8-11）.
[18] 郭冬，王泰来. 见证 1900—1911——解读清代手绘明信片. 北京：中国大百科全书出版社，2012.
[19] 郭冬，王泰来. 远去的大清帝国——解读清代手绘明信片. 北京：中国大百科全书出版社，2009.

邮票图说系列丛书

定价：56.00 元

本书以航空和邮政史实为主线，结合邮票、封、片的信息讲述世界航空发展的历史。以时间为序列，依航空发展阶段设立篇章，以航空知识和集邮知识融合的视角精选上百个国家和地区 900 余枚邮品素材。

定价：50.00 元

著名英国科学家李约瑟博士认为，中国"在 3 世纪到 13 世纪之间保持一个西方所望尘莫及的科学知识水平"，现代西方世界所应用的许多发明都来自中国，中国是一个发明的国度。你想了解这些吗？就请打开本书吧！

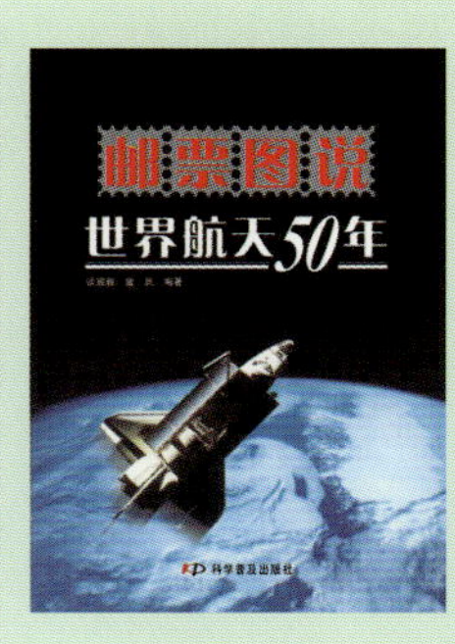

定价：43.00 元

本书集知识性、趣味性于一身，在方寸之间向读者展示了世界航天事业 50 年来的发展和变化。内容翔实，能为不同年龄段、不同知识层次的读者所接受。

定价：43.00 元

获得 2008 年奥林匹克博览会集邮展览"镀金奖"

为纪念每届奥运会而印发的奥运纪念邮票也成了奥林匹克历史、奥林匹克运动本身发展至今的唯一见证"人"，你想见识一下这位历经沧桑、学识渊博的"奥林匹克百岁老人"吗？那就请去咨询一下本书吧，它定会让你满载而归。

定价：43.00 元

获得 2009 年北京世界邮展"镀银奖"

音乐是人类文化的精粹，历史是人类文化的根基，漫漫万年人类文明孕育的精神奇葩——音乐在历史中又是如何走过了其漫长的岁月，本书以精美的邮票图片向世人展示了西方音乐悠久的发展历史。

定价：52.00 元

世界遗产专题邮票吸引越来越多集邮爱好者的"眼球"。本书作者选用了 188 项世界遗产的 582 枚专题邮票，共涉及 76 个国家和地区，内容丰富多彩，图片珍贵精美，是一本不可多得的有收藏价值的图书。

定价：49.00 元

恐龙家族庞大，尽管恐龙邮票诞生的时间不长，但也丰富多彩，琳琅满目。该书是一部全面介绍恐龙基本知识、恐龙邮票发行情况的科普读物，是恐龙专题集邮爱好者不可多得的参考书。

定价：55.00 元

一幅幅美丽的昆虫邮票不仅向我们展现了昆虫的神奇和魅力，还诉说了邮票的韵味和发展历程。在邮品中与昆虫对话，听一听尚未知晓的故事，聊一聊昆虫和人类的情节，会使人感到其乐无穷。

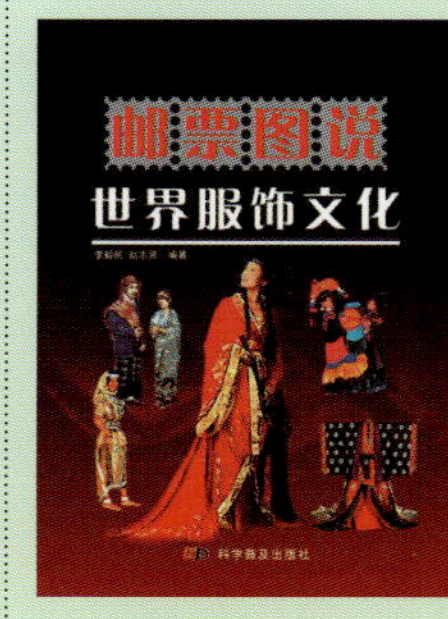

定价：53.00 元

本书将集邮文化与服饰文化熔为一炉，使邮票与服饰的知识性、趣味性、观赏性有机结合在一起，相得益彰。作为集邮，藏研服饰邮票是一个专题。作为服饰，通过邮票加以渲染，展现中外服饰的演变，使多姿多彩的服饰文化一览无遗。

邮票图说系列丛书

定价：50.00 元

中国民俗具有多元化、传承性和群众性。每个人都与民俗有关，每个人都生活在民俗中。本书以人文邮票题材为专题，从物质民俗、节庆民俗、礼仪民俗、精神民俗、民间民俗等方面，通过精美的方寸天地展示中国民俗的多彩风貌。

定价：53.00 元

建筑是人类智慧的结晶，是凝固的艺术。从邮票里的建筑，读者可以窥视人类文明的起源和进程，欣赏世界各地建筑的美与形。

定价：50.00 元

花卉从来都是人的最爱，咏花抒怀，赠花寄情。本书汇集了世界各国精美的花卉邮票，既让人了解花卉知识，又让人欣赏花卉芳华。

定价：43.00 元

飞机翱翔蓝天，携人远行，承载货物，还可探测、救护、播种……书中的邮票为读者娓娓道来民用航空的起源、发展和诸多实用知识。

定价：50.00 元

宠物是人的精神寄托和好朋友，让人开心，让人爱怜。一枚枚邮票细说了宠物的种类，使可爱的宠物跃然纸上，让人爱不释手。

邮票图说

从独木舟到航空母舰

定价：48.00 元

舟船载人承物，炮舰烟火争锋。从独木舟到航空母舰，小小的邮票都有记录，从中读者可以领略历史的脉络和战争的风云。

定价：55.00 元

从人力车到高速列车，轮子带给我们的不仅是车速的加快，社会的发展；还有很多美好的往事的回忆。本书通过邮票帮我们找回了那些悄然消失的身影。

定价：55.00 元

我们常常惊叹钻石的魅力四射，钦慕翡翠的晶莹剔透，殊不知这些华丽与惊艳却在方寸之地展示得淋漓尽致。本书通过邮票让世间最美的宝石走到一起来。

定价：55.00 元

中国航空的历史，是一部由灿若星辰的古代航空、艰难坎坷的近代航空和突飞猛进的现代航空组成的壮丽篇章。本书通过航空邮品，以“图说”的方式再现了历史的真实。